# La Breve Historia de la Segunda Guerra Mundial

Adolf Hitler, la Alemania nazi y el Tercer Reich, y las batallas desde las Blitzkriegs hasta las bombas atómicas

(1939-1945)

# Descargo de responsabilidad

**Copyright 2022 by Academy Archives - *Todos los derechos reservados***

El objetivo de este documento es proporcionar información exacta y fiable en relación con el tema y la cuestión tratados. La publicación se vende con la idea de que el editor no está obligado a prestar servicios de contabilidad, oficialmente permitidos o de otro tipo, cualificados. Si es necesario el asesoramiento, legal o profesional, se debe encargar a una persona con práctica en la profesión - de una Declaración de Principios que fue aceptada y aprobada igualmente por un Comité de la Asociación de Abogados de Estados Unidos y un Comité de las Editoriales y Asociaciones.

En ningún caso es legal reproducir, duplicar o transmitir cualquier parte de este documento, ya sea por medios electrónicos o en formato impreso. La grabación de esta publicación está estrictamente prohibida y no se permite el almacenamiento de este documento a menos que se cuente con la autorización por escrito del editor. Todos los derechos reservados.

La presentación de la información es sin contrato ni ningún tipo de garantía. Las marcas registradas que se utilizan son sin ningún tipo de consentimiento, y la publicación de la marca es sin el permiso o el respaldo del propietario de la marca. Todas las marcas comerciales y marcas que aparecen en este libro son sólo para fines de aclaración y son propiedad de los propios dueños, no están afiliados a este documento. No fomentamos el abuso de sustancias y no podemos hacernos responsables de la participación en actividades ilegales.

1

# Introducción

**La Segunda Guerra** Mundial fue la escalada de la Segunda Guerra Chino-Japonesa que comenzó en 1937 y de una guerra europea iniciada en 1939 en un conflicto militar librado de 1941 a 1945 a escala mundial entre dos alianzas: las potencias del Eje y los Aliados. En Occidente, los años 1939 y 1945 suelen mantenerse como el principio y el final de la guerra.

La Primera Guerra Mundial terminó en 1918 con la victoria de las tres grandes democracias occidentales: el Reino Unido, la Tercera República Francesa y Estados Unidos. Sin embargo, estos no formaron una alianza militar formal a partir de entonces. El Reino Unido y Estados Unidos disolvieron la mayoría de sus fuerzas armadas. Esto permitió el surgimiento de regímenes autoritarios agresivos: la Unión Soviética comunista en 1918, la Italia fascista en 1922, una dictadura militar japonesa después de 1926 y la Alemania nazi en 1933. Finalmente, todos los países se vieron envueltos en una carrera armamentística acompañada de crecientes tensiones internacionales.

El 7 de julio de 1937, Japón invadió China. Tras conquistar el noreste de ese país, se produjo una prolongada guerra que se cobró millones de vidas. En el verano de 1939, la Unión Soviética derrotó a Japón cuando intentaba conquistar Mongolia. Después de esto, Japón decidió centrarse en la conquista del sudeste asiático. El dictador nacionalsocialista alemán Adolf Hitler hizo ocupar la desmilitarizada Renania en 1936. En 1938, Alemania se anexionó Austria en el *Anschluss*. En el Tratado de Múnich, Checoslovaquia tuvo que ceder los Sudetes de habla alemana. Cuando Checoslovaquia fue completamente sometida en marzo de 1939, el Reino Unido y Francia prometieron ayudar a Polonia en caso de un ataque alemán. Esperaban que Hitler se abstuviera de la invasión porque el ejército alemán estaba lejos de completar su acumulación. Sin embargo, el 23 de agosto concluyó el Pacto Molotov-Ribbentrop con la Unión Soviética, lo que le hizo pensar que una intervención internacional no se materializaría de nuevo.

La Wehrmacht y las SS alemanas invadieron Polonia el 1 de septiembre de 1939. El Reino Unido y Francia declararon la guerra a Alemania el 3 de septiembre de 1939. Polonia fue conquistada después de un mes. La

3

Unión Soviética ocupó la parte oriental del país. Los británicos y los franceses comenzaron a reunir un excedente de hombres y equipos para derrotar a Alemania en 1941. Sin embargo, en abril de 1940, los alemanes capturaron Dinamarca y Noruega. En mayo de 1940, los Países Bajos y Francia fueron derrotados por un avance sorpresa de unidades de tanques a través de las Ardenas hacia el Canal de la Mancha. Los británicos lograron repeler una invasión en la Batalla de Inglaterra. Posteriormente, los Estados Unidos ofrecieron apoyo material al Reino Unido, incluso mediante la Ley de Préstamos y Arrendamientos. Alemania intentó matar de hambre al Reino Unido mediante la guerra submarina y ella misma fue bombardeada con creciente intensidad, todo ello sin resultados decisivos. Junio de 1940 Italia se une a la guerra. El fracaso de los ataques italianos a Egipto y Grecia obligó a Alemania a implicarse en el sometimiento de todos los Balcanes y en una prolongada campaña en el norte de África.

Hitler pensó en 1941 que una Wehrmacht "invencible" podría alcanzar los ideales de la ideología nazi: exterminar a los judíos y someter a los *Untermenschen* eslavos a una capa superior de colonizadores germánicos. El 22 de junio de 1941, Alemania invadió la Unión Soviética. Tras ganar mucho terreno, esta ofensiva encalló en otoño. El 7 de diciembre de 1941, los buques del campo aéreo del Imperio Japonés llevaron a cabo un ataque sorpresa contra la Flota del Pacífico de los Estados Unidos en Pearl Harbor. Hitler declaró la guerra a Estados Unidos, la mayor economía del mundo, cuatro días después. De este modo, las potencias del Eje se vieron envueltas en un conflicto global contra una coalición cuya potencia militar superaba a la suya muchas veces ya en 1942, por lo que su derrota era sólo cuestión de tiempo. Ese año, aún lograron éxitos que, sin embargo, terminaron en dolorosos eclosiones. Japón conquistó gran parte de Asia, pero sufrió una derrota decisiva en la batalla de Midway. Los ejércitos alemanes avanzaron hacia Egipto y hacia los campos petrolíferos del Cáucaso, pero fueron destruidos en la segunda batalla de El Alamein y en la batalla de Stalingrado. En julio de 1943, una última gran ofensiva alemana en el frente oriental fracasa en la batalla de Kursk. Ese mismo mes, los británicos y los estadounidenses desembarcaron en Italia. El dictador italiano Benito Mussolini fue derrocado. Los alemanes ocuparon el norte de Italia. Hasta mayo de 1944, el Ejército Rojo pudo reconquistar Ucrania porque Hitler ordenó desplegar una parte importante de sus reservas de blindados en Francia. No obstante, los aliados occidentales consiguieron desembarcar en Normandía el Día D, el 6 de junio de 1944, y acabaron por romper y destruir gran parte del ejército alemán. Liberaron Francia y Bélgica.

Al mismo tiempo, el Ejército Rojo destruyó el Grupo de Ejércitos Medio alemán en la Operación Bagration. Finlandia, Rumanía y Bulgaria se pasaron al bando aliado. La Wehrmacht no pudo recuperarse de las pérdidas sufridas. Sin embargo, el avance aliado se vio frenado por los problemas de suministro, el fracaso de la Operación Market Garden y la ofensiva alemana de las Ardenas.

En enero de 1945, la ofensiva Weichsel-Oder aplasta a las fuerzas alemanas en Polonia. Los aliados se desplazaron hacia el oeste a través del Rin para establecer contacto en el Elba en mayo con el Ejército Rojo que había capturado Berlín. Hitler se había suicidado. El 8/9 de mayo de 1945, Alemania capituló.

Se desarrolló una cooperación entre la Unión Soviética, por un lado, y los británicos y estadounidenses, por otro, caracterizada por un gran desconocimiento y desconfianza mutuos, a los que los alemanes respondieron. Esta cooperación pronto se convertiría en un nuevo periodo de conflicto tras el final de la Segunda Guerra Mundial, conocido como la Guerra Fría. Tras la guerra se produjeron importantes acontecimientos, en parte experimentados, como la creación de las Naciones Unidas -que sustituyó a la Sociedad de Naciones, que se había mostrado impotente- y la redacción de la Declaración Universal de los Derechos Humanos.

## Título

Ya en 1939, tras la declaración de guerra anglo-francesa a Alemania por invadir Polonia, el término *Segunda Guerra Mundial* fue utilizado por el político conservador británico Duff Cooper, que sería nombrado ministro *de* Información por el nuevo primer ministro Winston Churchill en 1940.

Sólo después de 1945 se generalizaría esta denominación, al igual que la de *Primera Guerra Mundial* para los sucesos de 1914-1918, anteriormente denominados *Gran Guerra*, aunque ya había sido utilizada por Charles à Court Repington en 1918.

7

## Bélgica y los Países Bajos

Bélgica y los Países Bajos fueron atacados por Alemania el 10 de mayo de 1940. El 14 de mayo, el ejército holandés se rindió. El acuerdo de capitulación se firmó el 15 de mayo. La capitulación no se aplicó a la provincia de Zelanda, donde los combates continuaron durante varios días. Bélgica capituló tras 18 días de resistencia el 28 de mayo. La ocupación posterior duró en Bélgica hasta el 17 de septiembre de 1944 y en los Países Bajos al norte de los grandes ríos hasta el 6 de mayo de 1945. Japón invadió las Indias Orientales Holandesas el 10 de enero de 1942 y capituló el 15 de agosto de 1945. Los Países Bajos nunca recuperarían el control total del reino insular, que se independizó en 1949.

# Índice de contenidos

# Causas de la guerra en Europa

**La lucha por la hegemonía europea 1866 - 1918**

Tras el establecimiento del Imperio Alemán en 1871, el poder militar y económico alemán creció rápidamente, apoyado por un mayor crecimiento de la población y el desarrollo industrial.

Bajo el liderazgo prusiano, la Confederación Alemana y la Confederación Alemana del Norte ya habían ganado la Segunda Guerra Germano-Danesa (1864) y la Guerra Austro-Prusiana (1866). La rápida derrota de Francia en la guerra franco-alemana de 1870-71, tras la cual Alemania se anexionó la mayor parte de Alsacia y Lorena, dejó claro que el equilibrio de poder en Europa había cambiado profundamente desde las guerras napoleónicas.

La anexión provocó una grave y continua disputa territorial entre Alemania y Francia.

La torpe política exterior de Guillermo II de Alemania también creó tensiones entre el Imperio alemán y el Reino Unido y el Imperio ruso. Para los británicos, uno de los factores era que Alemania se estaba convirtiendo cada vez más en un rival marítimo e industrial.

Temían especialmente el dumping de productos alemanes en el mercado británico. Para los rusos, el escollo era el apoyo alemán a Austria-Hungría en los Balcanes, donde la Monarquía Dual también dominaba a los pueblos eslavos. Británicos, franceses y rusos comenzaron a formar un bloque antialemán, la Triple Entente. Esto reforzó los

sentimientos de atraso en Alemania, donde un nacionalismo, un militarismo y un expansionismo cada vez más virulentos reclamaban para el país una hegemonía que se correspondía con su posición de potencia terrestre más fuerte del mundo.

Cuando las crecientes tensiones condujeron a la Primera Guerra Mundial en 1914, la superioridad militar alemana resultó insuficiente para una rápida victoria. Se produjo un sangriento estancamiento en el Frente Occidental.

El bloqueo aliado de Alemania provocó una grave escasez de materias primas para la industria y una hambruna. Combatir una guerra en dos frentes era una carga demasiado grande. Sin embargo, los alemanes no estaban dispuestos a hacer la paz sin ganancias territoriales. El servicio secreto alemán envió a Lenin a Rusia.

Su nuevo régimen soviético concluyó la Paz de Brest-Litovsk. Con la Ofensiva de Primavera de 1918, el Estado Mayor alemán esperaba ahora lograr la victoria en el oeste antes de que los estadounidenses, que habían acudido en su ayuda, pudieran constituir una fuerza de combate

13

suprema en 1919. Al mismo tiempo, ocuparon Ucrania para mejorar el suministro de alimentos. Este esfuerzo extremo sólo condujo a un rápido agotamiento total del ejército alemán, seguido de la Revolución de Noviembre.

El 11 de noviembre de 1918, Alemania se vio obligada a convocar un armisticio. En ese momento, la línea del frente seguía atravesando Bélgica, lo que daría pie a la leyenda del puñal de las tropas del frente que habían sido traicionadas por políticos derrotistas.

El Tratado de Versalles no creó una situación estable en 1919. La población alemana se sintió injustamente tratada por los enormes pagos de reparación y las pérdidas territoriales. Los territorios parcialmente germanófonos cayeron en manos de Francia (Alsacia y Lorena) o de Polonia, que volvía a ser independiente desde 1793.

Prusia Oriental quedó aislada del resto de Alemania por el corredor de Danzig. Esto condujo al revanchismo y al irredentismo. Los aliados no tenían ninguna garantía convincente para evitar un resurgimiento alemán. El ejército alemán se redujo en tamaño y armamento, pero no se disolvió. Sólo se ocupó Renania y, en contra de los deseos de Francia, no de forma permanente sino sólo durante 15 años. Por ello, el mariscal francés Ferdinand Foch describió el Tratado de Versalles como "no una paz, sino un armisticio de 20 años".

**Inestabilidad alemana 1918 - 1929**

La políticamente inestable Alemania fue presa del caos y la pobreza tras el armisticio. La izquierda y la derecha lucharon por el poder. Esta batalla se resolvería finalmente a favor del nacionalsocialismo totalitario. La esencia de este movimiento fascista era que el más fuerte tiene derecho a dominar al más débil. Esto explica tanto el carácter nacionalista radical, antisemita, militarista, antidemocrático y anticomunista de este movimiento como la guerra de aniquilación de inspiración ideológica que siguió. Sin embargo, este proceso duró 15 años.

Los partidos intermedios socialdemócratas, liberales y democristianos de la República de Weimar intentaron establecer un Estado de derecho democrático, pero se enfrentaron inmediatamente a sublevaciones. La revolución comunista rusa de octubre de 1917 desencadenó una ola revolucionaria en toda Europa. En

15

Baviera, los comunistas proclaman una república de consejos a principios de 1919, y en Berlín se produce la revuelta de Espartaco. El primer ministro Friedrich Ebert se vio obligado a utilizar las milicias radicales de derechas de los soldados retornados del frente, los Cuerpos Libres, para sofocar las revueltas.

Estos grupos nacionalistas carecían de la noción de que Alemania bien podía ser la culpable de toda su miseria, ya que no había librado la batalla con suficiente dureza.

Presuntos "traidores" como el ministro de Asuntos Exteriores Walther Rathenau y el ex vicecanciller Matthias Erzberger fueron asesinados por el terror de la derecha. El antiguo régimen de la nobleza, la burocracia y el ejército había perdido toda su autoridad, como demostró el Kapp-putsch, una revuelta de los Freikorps contra la disolución de sus unidades del ejército, que culminó en un intento fallido de golpe de Estado.

En las elecciones generales de junio de 1920, la extrema izquierda (Unabhängige Sozialdemokratische Partei Deutschlands) y el flanco de extrema derecha (German-nationals) ganaron a costa del centro. Sin embargo, los grupos de derecha de conservadores y nacionalistas no querían asumir la responsabilidad gubernamental.

En 1922, cuando la situación en Alemania comenzó a estabilizarse un poco, se impuso al país un gigantesco pago de reparación de 136.000 millones de marcos, que no tenía forma de cumplir. En respuesta, Francia y Bélgica, sin el apoyo de Gran Bretaña y Estados Unidos, ocuparon la región del Ruhr, donde la producción industrial se paralizó.

Combinado con la financiación monetaria, la impresión de dinero sin garantía, esto condujo a la hiperinflación que hizo que los ahorros de la clase media no tuvieran valor.

El nuevo director del Banco Nacional, Hjalmar Schacht, acabó con la inflación al equiparar 20.000 millones de marcos antiguos a un marco nuevo. La nueva moneda ganó valor gracias a los enormes préstamos concedidos por los bancos estadounidenses y holandeses, que prestaron tres mil millones de marcos.

Esto permitió que se reanudara la circulación de dinero y que Alemania pudiera hacer las reparaciones. Con ello,

17

Francia y el Reino Unido saldaron sus deudas con Estados Unidos.

Poco después, en 1923, fracasa en Baviera un intento de golpe de Estado de la derecha, el Bierkellerputsch. En su momento, atrajo poca atención, pero uno de los participantes fue Adolf Hitler, del Partido Nacionalsocialista Alemán de los Trabajadores.

Hitler fue condenado a cinco años de prisión, de los que finalmente tuvo que cumplir un año. Durante esta detención, dictó *Mein Kampf,* que más tarde se convertiría en un elemento central de la propaganda nazi.

En 1924, se abrieron tiempos ligeramente mejores para Alemania. Gustav Stresemann, ministro de Asuntos Exteriores alemán durante la presidencia de Hindenburg (1925 - 1934), buscó el acercamiento a los países occidentales. Charles Dawes, como presidente de una comisión internacional, elaboró el Plan Dawes, un plan de pagos para las reparaciones alemanas. Los primeros ministros Ramsay MacDonald y Édouard Herriot aceptaron el Plan Dawes, y Alemania también lo hizo. En 1925, Alemania concluyó el Tratado de Locarno con Francia,

Gran Bretaña y otros países vecinos. Las tropas del Ruhr se retiraron y las nuevas fronteras occidentales se garantizaron mutuamente. También preparó el camino para la adhesión a la Sociedad de Naciones, que entraría en vigor en 1926.

En mayo de 1928, el pueblo alemán se decantó claramente por una política de paz al dar la victoria electoral a los socialdemócratas, mientras que Hitler sólo obtuvo el 2,5% de los votos. El 27 de agosto de 1928, el ministro Stresemann firmó en París el pacto Briand-Kellogg junto a otras grandes potencias. Las disputas internacionales no deben resolverse mediante la guerra, sino por medios pacíficos como el arbitraje.

Sin embargo, la República de Weimar no actuó totalmente de buena fe en este asunto. A Alemania se le prohibió poseer tanques, pero lo eludió mediante el desarrollo de armas secretas en Suecia y la Unión Soviética.

En la primavera de 1929, el diplomático estadounidense Owen D. Young ideó el plan Young. Se redujeron los pagos a 114.000 millones a lo largo de 59 años, lo que equivale a cerca del 3% del PNB. Los alemanes esperaban una reducción mucho mayor.

El Partido Nacional Popular Alemán lo presentó como si el pueblo alemán siguiera siendo un lastre insoportable y creció fuertemente en popularidad. Un referéndum (*Volksentscheid*) rechazó el plan por amplia mayoría, pero no fue vinculante.

El gobierno alemán aceptó el plan en la Primera Conferencia de Recuperación de La Haya y en la Segunda Conferencia de Recuperación de La Haya de 1930, principalmente porque ahora tenía derecho a suspender las reparaciones durante dos años. La perspectiva de esto desestabilizó todo el sistema financiero internacional ya en el verano de 1929.

## La Gran Depresión

El crack bursátil de 1929 provocó el colapso de la economía estadounidense. Los bancos estadounidenses exigieron sus préstamos en Europa. Los gobiernos de todo el mundo recurrieron al proteccionismo, obstaculizando las importaciones, lo que provocó el colapso del comercio mundial. La Gran Depresión era un hecho. Alemania se vio muy afectada. El gabinete de Heinrich Brüning, que tomó posesión en marzo de 1930, respondió con una severa austeridad combinada con planes de rearme del general Kurt von Schleicher.

En las elecciones de septiembre de 1930, el NSDAP obtuvo el 18,5% de los votos. En junio de 1931, Brüning suspendió las reparaciones, lo que provocó una corrida bancaria internacional. El desempleo pasó de dos a seis millones, el 30% de la población activa, entre 1929 y 1933.

En 1932, la Conferencia de Lausana eximió a Alemania de nuevas reparaciones, pero esto se había convertido en un punto sin importancia a la luz de la crisis fundamental a la que se enfrentaba.

Los comunistas abogan por la introducción de una economía planificada para que las fábricas estatales ociosas puedan volver a trabajar. Sin embargo, la clase media temía esa toma de poder por parte de los bolcheviques.

Una alternativa era el NSDAP con su mezcla de socialismo y nacionalismo. En las elecciones de julio de 1932, el electorado del NSDAP aumentó hasta casi 14 millones, el 39,9% de los votos. Con el *Sturmabteilung,* intimidaba a los oponentes.

Sin embargo, el presidente Paul von Hindenburg se negó a nombrar a Hitler como Canciller de Hacienda. En las elecciones de noviembre de 1932, los nazis perdieron seguidores. Sin embargo, para entonces el canciller Franz von Papen ya empezaba a dirigir un régimen muy autoritario.

En enero de 1933, von Papen y Alfred Hugenberg, líder del DNVP, convencieron a Hindenburg para que nombrara a Hitler canciller del Reich en un gabinete en el que ellos también formarían parte.

El 27 de febrero de 1933 se produjo el incendio del Reichstag, que los nazis aprovecharon para perseguir sin juicio a los miembros de los partidos de izquierda y encarcelarlos en campos de concentración mediante una ordenanza de urgencia (la Ordenanza del Incendio del Reichstag).

En las elecciones al Reichstag del 5 de marzo de 1933, el partido de Hitler obtuvo el 44% de los votos y el de Hugenberg el 8%. Así pues, Hitler no tenía mayoría absoluta, pero hizo aprobar la Ley Habilitante mediante la persecución de la izquierda y la intimidación del resto de los partidos y pudo asumir el poder con ello. Hitler prohibió todos los partidos excepto el propio NSDAP y no permitió más elecciones libres, gobernando efectivamente el país como un dictador.

## 1933 - 1939

El régimen de Hitler fue económicamente muy exitoso. En 1939, el desempleo había sido prácticamente eliminado y el PIB casi se duplicó. Las infraestructuras, como la red de carreteras, mejoraron mucho. Este aspecto de su gobierno recibió un amplio apoyo del pueblo alemán. Sin embargo, el éxito se debió a una política salarial gestionada.

Los salarios se desplomaron en 1932 y no se les permitió aumentar desde entonces. Se prohibieron las huelgas. Gran parte del crecimiento económico fue absorbido por la industria armamentística.

El régimen no pudo cumplir con la pretensión de redistribuir la riqueza y poner a disposición de la masa de la población bienes de consumo más caros. Hitler creía que el aumento del poder adquisitivo y un mayor

23

crecimiento dependerían del acceso a materias primas estratégicas y al petróleo, de los que Alemania tenía una carencia estructural.

En parte debido a los crecientes déficits fiscales, siempre hubo escasez de divisas para comprar en el mercado mundial. Desde la hiperinflación, era tabú devaluar el marco para promover las exportaciones.

Hitler tampoco quería seguir formando parte del sistema financiero y económico internacional controlado por Estados Unidos y el Reino Unido. La alternativa era asegurarse el acceso a las materias primas mediante guerras de conquista.

Esa opción se ajustaba mucho más a la ideología nazi. En ella, la guerra no era sólo un medio, sino un fin en sí mismo. En la eterna batalla entre las razas, el destino histórico del superior *Herrenvolk* alemán ario era subyugar y dominar a los *Untermenschen* eslavos.

Sin embargo, a pesar del intenso adoctrinamiento militarista y racista, el pueblo alemán no se puso en absoluto en actitud de guerra. Los servicios de seguridad informaron de que, con los horrores de la anterior guerra mundial aún frescos en sus mentes, el entusiasmo por otra masacre era escaso.

La propia *Wehrmacht* no se consideró preparada para el conflicto militar hasta 1943. Versalles había limitado el tamaño del Reichswehr a cien mil hombres. Se prohibieron los tanques y la fuerza aérea; a la armada sólo se le permitieron barcos ligeros. En marzo de 1935 comenzó el rearme abierto. A pesar de que el gasto militar no dejaba de aumentar, llegando al 18% del PNB en 1938, era difícil ponerse al día. La mayor parte del dinero se destinó a los cuarteles, el entrenamiento y los búnkeres.

No se podía gastar lo suficiente en armas pesadas caras y que envejecen rápidamente. A mediados de 1939, la Wehrmacht contaba con 9.000 cañones, 2.500 tanques, 2.300 aviones, 57 submarinos y 45 buques de superficie. En todos estos tipos de armas, se quedaron atrás con respecto a los enemigos potenciales. El armamento llevó a una falta de dinero que parecía solucionable sólo a través de una guerra de agresión, pero que todavía no era suficiente para garantizar la victoria por pura superioridad numérica en ella.

Poco después de la guerra, se popularizó la teoría de que los nazis encontraron una salida a este problema en la innovadora táctica de *la blitzkrieg*. Incluso se dice que hubo una "estrategia de blitzkrieg": invirtiendo en tanques y concentrándolos en un pequeño número de divisiones blindadas de alta calidad, podrían derrotar al enemigo de forma rápida y moderna y así conseguir el dominio del mundo de una forma finalmente barata. Si bien es cierto que tales campañas se llevaron a cabo en los primeros años de la guerra, las investigaciones históricas de los años 50 revelaron que tal estrategia nunca existió.

Hitler no tenía un plan elaborado para conquistar el mundo y sólo era vagamente consciente de la importancia de las unidades blindadas.

Más tarde, también quedó claro que ni siquiera existía una doctrina de guerra relámpago. En el ejército alemán dominaba un pensamiento bastante tradicional y sólido. Hitler era ante todo un oportunista.

Al intentar llevar a las zonas de habla alemana *Heim ins Reich*, trató de calentar al pueblo alemán hasta al menos

27

un conflicto limitado. Esta apelación al derecho de autodeterminación de los pueblos también podría obligar a los británicos y franceses a hacer concesiones. Estos eran sensibles a esto porque se sentían amenazados por un adversario mucho más peligroso que Alemania.

En 1928, José Stalin se había hecho con todo el poder en la Unión Soviética. El país comenzó a transformarse en una superpotencia. El Ejército Rojo se convirtió en la mayor fuerza de combate del mundo. El Reino Unido y Francia temían que Stalin pretendiera desencadenar una revolución mundial.

Reforzaron el *cordón sanitario*, una cadena de estados anticomunistas. Ya a principios de la década de 1930,

28

comenzaron a desarrollar armas modernas con mayor intensidad. Sin embargo, en respuesta a la Gran Depresión, se hicieron recortes. No estaban dispuestos a aumentar sus presupuestos de defensa muy rápidamente. Esperaban que un Estado alemán conservador y militarmente fuerte pudiera mantener a raya a la Unión Soviética.

Por eso no intervinieron cuando Alemania anunció un rearme. En enero de 1935, Francia pone fin a su mandato sobre el Sarre. No intervino en marzo de 1936 cuando la Renania, desalojada por las tropas francesas en 1930 con la condición de una desmilitarización permanente, fue reocupada por las tropas alemanas.

Así que la antigua Entente ya no mantenía el orden jurídico internacional. Incluso Estados Unidos, con unas fuerzas terrestres mínimas y una población fuertemente partidaria del aislacionismo, mantuvo las distancias. Los países agresivos vieron ahora su oportunidad. Alemania abandonó la Sociedad de Naciones en 1933. En octubre de 1935, Italia invadió Abisinia.

En julio de 1937, Japón invadió China. Alemania se alió con Japón en el Pacto Anti-Komintern en 1936 y con Italia en el eje Roma-Berlín. Estas potencias del eje estrecharon aún más sus lazos en el Pacto de Acero de mayo de 1939. En marzo de 1938, Alemania obligó a Austria a anexionarse en el *Anschluss*.

La cada vez más poderosa y radical Alemania empezaba a inspirar más temor en el Reino Unido y Francia que la Unión Soviética, a pesar de su *guerra por delegación* con el Eje en la Guerra Civil española. Stalin se centró en sus problemas internos y, temiendo a sus propias fuerzas armadas, exterminó en gran medida su cuerpo de oficiales. Los británicos y franceses de empezaron a armarse enérgicamente.

Como ya contaban con una gran infraestructura militar, mucha artillería aún utilizable de la guerra anterior y el moderno cinturón de fortalezas de la Línea Maginot, sabían que podían enfrentarse a Alemania en poco tiempo.

31

Cuando Hitler reclamó a Checoslovaquia los Sudetes de habla alemana en otoño de 1938, se plantearon entrar en combate.

Checoslovaquia estaba bien armada y contaba con un fuerte cinturón de fortalezas; Francia podía invadir Renania mientras la *muralla* occidental estaba aún sin terminar. Sin embargo, el primer ministro británico Neville Chamberlain quiso dar otra oportunidad a *la paz en nuestro tiempo* y permitió que el Tratado de Múnich uniera los Sudetes a Alemania.

Esta política de apaciguamiento fracasaría. Sólo enseñó a Hitler que sería recompensado si rompía sus promesas. En marzo de 1939, Hitler obligó al estado de Checoslovaquia a dividirse en el Protectorado Alemán de Bohemia y Moravia y la Primera República Eslovaca, un estado vasallo.

La vasta industria checa de equipos y armas cayó en sus manos. Para el Reino Unido y Francia fue suficiente y dieron garantías militares a Polonia. En respuesta, los polacos rechazaron la exigencia de Hitler de renunciar a sus territorios de habla alemana y convertirse también en un Estado vasallo. La cúpula militar alemana y también muchos dirigentes nazis temían la guerra porque Alemania no estaba ni mucho menos preparada para ella. Sin embargo, el 24 de agosto, Hitler consiguió una gran victoria diplomática.

La Entente había asumido que la Unión Soviética se volvería contra su enemigo ideológico, la Alemania nazi, de todos modos. Sin embargo, Hitler ofreció a Stalin repartirse Europa del Este a cambio de la neutralidad y el suministro de materias primas. Concluyeron el Pacto Molotov-Ribbentrop. Hitler asumió ahora que los británicos y los franceses volverían a abstenerse de una respuesta militar. A las 05:00 del 1 de septiembre, Alemania invadió Polonia. El Reino Unido y Francia anunciaron que cumplirían sus obligaciones con Polonia.

El 2 de septiembre, el ministro italiano de Asuntos Exteriores, Galeazzo Ciano, propuso una conferencia de cinco estados en San Remo, tras un armisticio. El Reino Unido puso como condición que Alemania retirara primero sus tropas de Polonia; cuando esto no se materializó, el Reino Unido se dirigió a Alemania con una declaración formal de guerra ya por la tarde y a Francia en la noche del 3 de septiembre, convirtiendo la Segunda Guerra Mundial en un hecho irrevocable.

# La guerra en Europa

**La invasión de Polonia**

Siguiendo el plan Fall Weiss, Alemania invadió Polonia el 1 de septiembre de 1939. Como guerra de agresión, esta invasión contravino el pacto Briand-Kellogg, también firmado por Alemania en 1928. La aparente justificación sirvió para el incidente de Gleiwitz. Los franceses habían prometido a Polonia abrir un frente occidental en Alemania con 60 divisiones, pero en realidad se limitaron a la débil ofensiva del Sarre con nueve divisiones. Eso permitió a los alemanes lanzar un fuerte ataque principal desde Silesia hacia Varsovia. Los polacos estaban debilitados allí porque aún no habían movilizado completamente su ejército para no provocar a Hitler y habían concentrado importantes fuerzas alrededor de Poznań para un ataque sorpresa hacia Berlín. Tras varios días de duros combates, el frente polaco frente a Silesia se rompió. Sin embargo, la fuerza principal alemana que avanzaba fue emboscada en el flanco izquierdo por el ejército polaco en Posen. Consiguieron deshacerse de ella y destruirla, tras lo cual sitiaron Varsovia. Mientras tanto, las fuerzas blindadas alemanas habían cortado el corredor de Danzig para

atacar Varsovia desde el este a través de Prusia Oriental.
Los intentos de tomar la ciudad por asalto fracasaron, pero
tras un bombardeo, la capital capituló el 28 de septiembre.
Los alemanes comenzaron inmediatamente a asesinar
sistemáticamente a todos los intelectuales polacos.

La Unión Soviética invadió el este de Polonia el 17 de
septiembre de 1939 con el pretexto de proteger a las
minorías bielorrusas y ucranianas. Oficialmente, el país
permaneció neutral. Los combates en Polonia terminaron
el 6 de octubre de 1939, pero el ejército y el gobierno de
los Cárpatos polacos se desviaron a Francia a través de
Rumanía, donde restablecieron unidades de combate que
tuvieron que huir de nuevo en 1940, a Inglaterra.

# Guerra del Crepúsculo

Después de octubre, los franceses terminaron su ofensiva. Después, apenas hubo contactos de combate en la frontera franco-alemana. Ambos bandos se abstuvieron de realizar bombardeos estratégicos. Esta guerra crepuscular, que se prolongaría hasta abril de 1940, se denominó *phoney war* en inglés y *drôle de guerre* en francés; la *Sitzkrieg* en alemán.

Sin embargo, la calma en los frentes ocultaba una actividad febril en la preparación de futuras campañas. Alemania ofreció la paz, pero los aliados se negaron a aceptar la ocupación de Polonia. Esperaban agotar a su enemigo mediante un bloqueo económico, como en la Primera Guerra Mundial. Sin embargo, los suministros soviéticos lo harían difícil. Por lo tanto, recurrieron a una verdadera economía de guerra para acumular un exceso de hombres y material para derrotar a Alemania. El Reino Unido ya había introducido el servicio militar obligatorio en abril de 1939, y Francia, que tenía pocos reclutas debido a las bajas tasas de natalidad, los importó *en masa* del norte de África. Para las decenas de miles de tanques y aviones que necesitaba, quería reclutar al mayor país industrial del mundo, los Estados Unidos de América. Las leyes de neutralidad de Estados Unidos prohibían suministrar material de guerra a un beligerante, pero el 5 de noviembre de 1939 el presidente Franklin Delano Roosevelt introdujo el sistema *"cash-and-carry"*: los beligerantes podían comprar armas si podían pagarlas inmediatamente y transportarlas ellos mismos. Esto favoreció enormemente a la Entente porque Alemania no podía hacer nada. Por cierto, no había prisa. Esperaban estar preparados para un ataque a Alemania como muy pronto en el verano de 1941 y probablemente no hasta 1942, cuando el Reino Unido esperaba disponer de cincuenta y cinco divisiones, todas ellas motorizadas, la fuerza de combate más moderna del mundo.

Para la cúpula militar alemana, era una perspectiva sombría. Preveían que Alemania no sería capaz de mantener el ritmo de armamento. El dinero y las materias primas estratégicas serían muy escasos. En marzo de 1940, las importaciones alemanas se habían reducido en un 80%. Lo mejor que se podía esperar era otro estancamiento, pero una guerra tan prolongada agotaría aún más al país. Por lo tanto, cuando Hitler ordenó un ataque al Oeste incluso antes de octubre, se le recordó que las municiones se habían agotado por el momento. Sin embargo, a corto plazo, la balanza de poder se inclinaría ligeramente a favor de Alemania. El ataque a Polonia había sido posible gracias a una treintena de divisiones altamente profesionales del ejército permanente, unos seiscientos mil hombres. Apresuradamente, se había empezado a formar a 1,1 millones de reclutas y a 1,7 millones de veteranos de la Primera Guerra Mundial. Cuando esto se completó en la primavera de 1940, Alemania había adquirido una gran fuerza de combate con la que mejorar su posición, tal vez maniobrando antes de que la acumulación aliada hubiera hecho su frente intocable. El mejor táctico de Alemania, Heinz Guderian, y el estratega, Erich von Manstein, elaboraron conjuntamente un audaz plan con este fin en otoño de 1939. El ejército debía avanzar a través de las Ardenas, cruzar el Mosa y luego hacer una profunda penetración estratégica con tanques hasta el Canal. Este tipo de ataque, al que más tarde se le daría el nombre de *Blitzkrieg*, había sido muy discutido en los libros antes de la guerra, pero no había sido aceptado como método por ningún ejército en 1939. El plan fue puesto en conocimiento de Hitler, lo que obligó al Jefe de Estado Mayor Franz Halder a adoptar al menos el elemento de las

Ardenas, aunque la deficiente red de carreteras haría muy arriesgado dicho avance. Sin embargo, no había alternativa, según él: sin esa apuesta, perderían de todos modos.

# La expansión soviética

En 1939, la Unión Soviética había sustituido a Maksim
Litvinov como ministro de Asuntos Exteriores por
Vyacheslav Molotov, tras lo cual el país pareció tomar un
rumbo antioccidental. La Unión Soviética obligó a Estonia,
Letonia y Lituania a aceptar guarniciones del Ejército Rojo
en 1939.

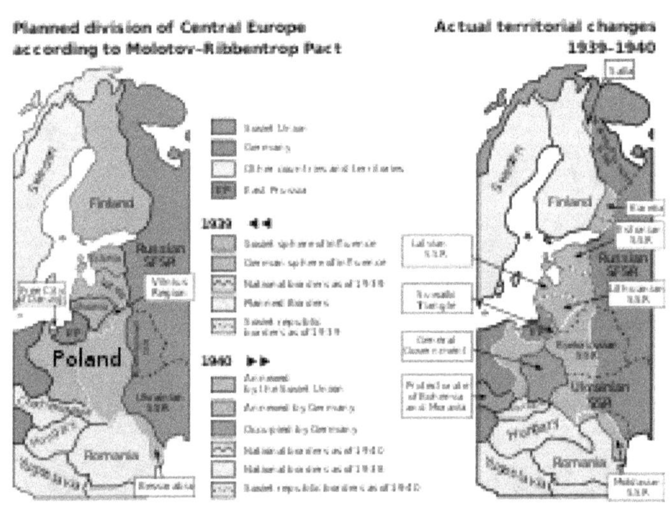


En realidad, en agosto de 1939 se había acordado que
Lituania entraría en la esfera de influencia alemana -ya
habían tenido que ceder Memelland en marzo de 1939-,
pero el terreno se intercambió por una franja de territorio
41

polaco añadida al Gobierno General, el corazón polaco no anexionado por la Gran Alemania. Lituania también recibió una franja de territorio polaco, con la ciudad de Vilnius.

Stalin quería que Finlandia se anexionara el istmo de Carelia, cerca de Leningrado, la segunda ciudad de la URSS, a cambio de una franja de territorio finlandés en Carelia oriental. El gobierno finlandés se negó porque en el istmo estaba la Línea Mannerheim, que era esencial para la defensa finlandesa.

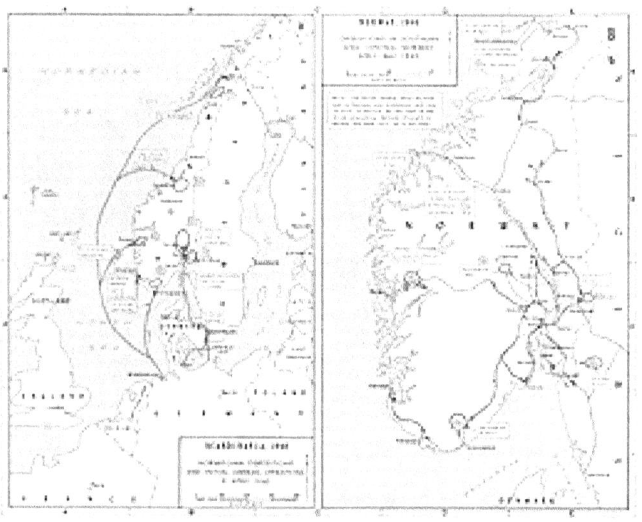

El 30 de noviembre de 1939, el Ejército Rojo lanzó una ofensiva para capturar Finlandia. Sin embargo, en esta
42

Guerra de Invierno, quedaron empantanados en la Línea Mannerheim, mientras que las divisiones acorazadas que avanzaban hacia el norte por caminos forestales helados eran machacadas por los finlandeses.

Uno perdió dos mil tanques y doscientos mil hombres contra los veinticinco mil finlandeses. El gabinete francés se plantea ahora también declarar la guerra a la Unión Soviética y acudir en ayuda del pequeño y valiente país. Al mismo tiempo, los viejos sentimientos pro-finlandeses revivieron en Alemania.

Posteriormente, Stalin hizo que una gran fuerza de tropas forzara la Línea Mannerheim y se conformó con el istmo y Carelia Oriental en el armisticio del 13 de marzo de 1940. El acontecimiento empañó gravemente el prestigio del Ejército Rojo y contribuyó en gran medida a que los alemanes subestimaran su fuerza militar.

La Unión Soviética se anexionó los Estados bálticos y las regiones rumanas de Besarabia y Bucovina del Norte en 1940, tras la caída de Francia. Cientos de miles de residentes de estas zonas fueron deportados al este.

43

## Dinamarca y Noruega

Noruega era importante para la guerra alemana como ruta de suministro del mineral de hierro sueco, que representaba la mitad de la producción alemana de acero, y como posible base de la flota de la *Kriegsmarine*. Por lo tanto, los alemanes hicieron planes para una invasión desde finales de 1939, pero también lo hicieron los británicos, en parte en el contexto de una posible ayuda a Finlandia.

Por iniciativa de Hitler, se preparó la Operación Weserübung, la ocupación de Noruega. A finales de febrero se añadió una invasión de Dinamarca. El 3 de abril de 1940 zarparon los primeros barcos de suministro y el 6 de abril la flota de guerra alemana se dirigió a Noruega. Al mismo tiempo que la invasión alemana, los aliados habían planeado una operación de colocación de minas en aguas noruegas para bloquear la ruta alemana de suministro de mineral de hierro. El 8 de abril, los británicos colocaron minas marinas en el Vestfjord frente a Narvik. Los aliados también querían realizar desembarcos limitados en Noruega para proteger esos campos de minas. Sin embargo, la invasión alemana frustró esos planes.

Los alemanes desembarcaron en Oslo, Bergen, Trondheim, Kristiansand, Egersund y Narvik el 9 de abril. El aterrizaje en Oslo fracasó parcialmente. El fuerte Oscarsborg hundió primero el crucero pesado *Blücher* y luego dañó gravemente el acorazado *Lützow*. El desembarco en Narvik fue un éxito, pero el 10 y el 13 de abril, diez destructores alemanes fueron abatidos por los contraataques de la flota británica.El 15 de abril, los británicos llevaron a cabo desembarcos en el centro de Noruega en Namsos y Åndalsnes. Sin embargo, sus fuerzas expedicionarias fueron derrotadas por los alemanes. Se lanzaron contraataques más exitosos cerca de Narvik, el principal puerto de tránsito de mineral de hierro. Las tropas francesas y británicas recapturaron el puerto. Cuando Francia se vio amenazada, evacuaron la fuerza expedicionaria. En el proceso, el dirigible *Glorious* fue hundido por los acorazados *Scharnhorst* y *Gneisenau*. El ejército noruego capituló el 9 de junio de 1940. El rey y el gobierno huyeron a Inglaterra. La flota de superficie alemana quedó permanentemente debilitada por las pérdidas.

El 9 de abril, las tropas alemanas cruzaron la frontera danesa y tomaron Copenhague. Tras dos horas de batalla, el gobierno danés se rindió incluso antes de tener tiempo de declarar la guerra a Alemania. Oficialmente, Dinamarca seguía siendo un país neutral no ocupado con una pequeña guarnición alemana, pero también con su propio rey, gabinete, parlamento y fuerzas armadas. Los británicos ocuparon las Islas Feroe el 12 de abril e Islandia el 10 de mayo, que quedó bajo administración estadounidense en 1941. Groenlandia también se puso bajo el dominio de EE.UU. más tarde, en 1941, por iniciativa propia, incluso antes de que EE.UU. se convirtiera en un partido de guerra. En agosto de 1943, Dinamarca seguía bajo el dominio militar alemán. Islandia declaró su independencia en 1944.

# La Campaña del Oeste 1940

El 10 de mayo de 1940, la Wehrmacht alemana comenzó a poner en práctica *el Fall Gelb*, el plan para ocupar los Países Bajos, Bélgica y Luxemburgo con el fin de bombardear Inglaterra desde allí. También bloqueó una posible ruta de avance para las esperadas ofensivas de la Entente.

Aunque los aliados poseían una superioridad numérica de hombres, tanques y artillería, querían conseguir la victoria mediante una estrategia inteligente. Se esperaba utilizar un ataque de distracción del Grupo de Ejércitos B para atraer a las mejores tropas británicas y francesas hacia el norte y luego cortarlas a través de las Ardenas.

Las defensas holandesas fueron sorprendidas por los amplios desembarcos aéreos alemanes. Aunque el ataque a La Haya fracasó, el *9. La Panzerdivision* entró en la fortaleza de Holanda. Los Heinkel He 111 llevaron a cabo el bombardeo de Rotterdam el 14 de mayo y amenazaron con destruir Utrecht, tras lo cual el comandante en jefe, el general Winkelman, rindió sus tropas en los Países Bajos a última hora de la tarde, con la excepción de Zeeland. El miércoles 15 de mayo de 1940 por la mañana se firmó el acuerdo de capitulación militar. El gobierno, la reina Guillermina y la armada huyeron a Inglaterra.

La fuerza expedicionaria británica y los ejércitos franceses 7º y 1º se unen al ejército belga en el centro de Bélgica. Mientras tanto, el Grupo de Ejército A se movía a través de las Ardenas. El 13 de mayo, los continuos y masivos bombardeos rompieron el frente principal francés en Sedan y la infantería motorizada alemana cruzó el Mosa.

En contra del plan de Halder, los generales acorazados alemanes como Guderian y Erwin Rommel abandonaron ahora las cabezas de puente sin esperar refuerzos y, al

48

estilo de una *Blitzkrieg, llevaron a cabo* una penetración estratégica hacia el Canal de la Mancha que se alcanzó el 20 de mayo.

Sin embargo, una "orden de parada" de Hitler, abrumado por el éxito, impidió la toma inmediata de Dunkerque, y a través de ese puerto 330.000 soldados británicos y franceses lograron escapar del cerco en la evacuación de Dunkerque hasta el 2 de junio, dejando atrás su equipo pesado. Sin embargo, el ejército belga capituló el 28 de mayo, poniendo fin a su Campaña de los Dieciocho Días. Leopoldo III de Bélgica permaneció en el país pero el gobierno se sumergió.

El éxito alemán había sido mayor de lo que nadie se había atrevido a esperar, y se decidió aprovecharlo derrotando inmediatamente a Francia en su conjunto según el plan *Fall Rot*. El 5 de junio comenzó un ataque en el Somme, seguido el 9 de junio por una ofensiva principal que abrió el centro del frente francés. La táctica de la penetración estratégica había sido adoptada por el mando supremo alemán. El 14 de junio, París fue declarada ciudad abierta y el 17 de junio, los tanques alemanes llegaron a la frontera suiza, rodeando la Línea Maginot. Italia declaró la guerra el 10 de junio, limitándose a débiles combates fronterizos.

Alemania podría haber conquistado fácilmente toda Francia, pero Hitler estaba ansioso por llegar a un acuerdo con un gobierno francés para evitar continuar la guerra desde las colonias y también para atraer a los británicos a la paz. El 22 de junio de 1940, Francia firmó un armisticio por el que cedía Alsacia-Lorena y dividía el país en una zona de ocupación en el norte y un Estado títere en el sureste, Vichy-Francia, con el mariscal conservador-nacionalista Philippe Pétain como jefe de Estado. Sin embargo, el general Charles de Gaulle ya había anunciado el 18 de junio que continuaría la lucha como líder de los Franceses Libres; por el momento sólo tenían un mínimo de seguidores. En Roma, el 24 de junio, Francia cedió a Italia una zona de 800 km². El 3 de julio, los británicos hundieron parte de la flota francesa en el ataque a Mers-el-Kébir, temiendo que cayera en manos alemanas.

# La Batalla de Inglaterra

Tras la derrota francesa, Hitler esperó en vano una oferta de paz británica. El nuevo primer ministro Winston Churchill, que sucedió a Neville Chamberlain el 10 de mayo de 1940, quería que la guerra continuara. Es cierto que las fuerzas terrestres británicas eran débiles por el momento, pero la superioridad de la Royal Navy, la mayor flota del mundo, hacía prácticamente imposible una invasión alemana. Hitler y la marina alemana también lo reconocieron. Con la esperanza de intimidar a los británicos, ordenó los preparativos para la Operación Seelöwe, un desembarco, el 16 de julio de 1940. Al principio faltaban la planificación y las embarcaciones de desembarco. Para dar una apariencia de oportunidad, la Luftwaffe, la unidad mejor equipada de las fuerzas armadas alemanas, intentó ganar la superioridad aérea durante casi dos meses eliminando los aeródromos de la Royal Air Force en el sur de Inglaterra. Debido al rápido aumento de la producción de aviones británicos y a una nueva red de instalaciones de radar, esto era muy difícil. Ambas partes se agotaron.

El bombardeo accidental de una zona residencial de Londres el 24 de agosto de 1940 provocó un ataque de represalia británico contra Berlín. Hitler ordenó un bombardeo masivo de Londres. A partir del 7 de septiembre de 1940, se intentó quebrar la voluntad de guerra de los británicos mediante un bombardeo de terror sistemático contra la población civil, pero esto resultó ser un error fatal. Los miles de bajas y los daños causados en Londres y otras ciudades no quebraron la moral. Alemania no tenía una fuerza de bombarderos estratégicos y era físicamente incapaz de devastar Inglaterra. La RAF recuperó sus aeródromos e infligió pérdidas cada vez más importantes a los alemanes. *Seelöwe* se retrasó y finalmente se suspendió. La Luftwaffe había perdido más de 1.500 aviones, que aumentarían a 3.332 a finales de marzo de 1941.

Para Churchill, el éxito fue un gran impulso. Demostró que los alemanes podían ser derrotados y convenció al pueblo británico de la necesidad y viabilidad de continuar la lucha. La heroica resistencia se ganó toda la simpatía de la población estadounidense y facilitó a Roosevelt la aplicación de una política pro-británica.

53

# Estrategia alemana y estadounidense

La caída de Francia fue un shock para todo el mundo. Supuso una alteración de la situación geoestratégica. Francia tenía la reputación de ser la potencia terrestre más fuerte del mundo. Ese estatus recayó ahora en Alemania, que estaba ganando la hegemonía en el continente europeo.

Los nazis lo vieron como el establecimiento de un Nuevo Orden. Las democracias liberales "decadentes" han llegado a su fin. Las cuatro grandes dictaduras totalitarias podrían repartirse el mundo, especialmente el Imperio Británico, entre ellas: a Italia le correspondería África, a la

Unión Soviética la India y a Japón el Sudeste Asiático. Sin embargo, no se llegaría a una alianza pacífica. La victoria alimentó los delirios de grandeza de Hitler.

Se engañó a sí mismo pensando que se debía a su genio como general de campo. Comenzó a creer en su propia propaganda que la *Wehrmacht* era una "máquina de guerra invencible". Al no querer seguir dependiendo de los suministros de Stalin, ordenó los preparativos para el sometimiento de la Unión Soviética ya en junio de 1940. Si el Reino Unido hubiera hecho la paz, habría lanzado un ataque en el este en septiembre.

El pueblo alemán se sintió muy aliviado por la rápida victoria, con sólo una fracción del número de muertos en la Primera Guerra Mundial. Hitler alcanzó la cima de su popularidad.

La gente también esperaba obtener los beneficios económicos de esto en términos de un mayor nivel de vida. Los productos de lujo, como el café y el cacao, saqueados de Francia y los Países Bajos, estuvieron disponibles durante un corto periodo de tiempo. Sin embargo, el crecimiento de la prosperidad no estaba previsto. Por el contrario, debido a la transición a una economía de guerra, la producción de bienes de consumo disminuyó.

El rendimiento de los alimentos se redujo porque las fábricas de fertilizantes pasaron a fabricar explosivos. Hitler trató de aliviar el dolor limitando la incautación del gasto militar sobre el PNB al 38%, frente al 60% que se alcanzaría en 1943. Esto obligó a tomar decisiones claras en el uso de la limitada capacidad de producción. Un plan costoso e incierto para desarrollar una bomba atómica fue rechazado desde el principio.

En una guerra de dos frentes, Hitler quería derrotar simultáneamente al Reino Unido y a la URSS. Esperaba hacer lo primero construyendo cientos de submarinos. Además, el poder aéreo seguía siendo una incautación del 40% de la producción de armas.

La escasez de mineral de hierro y de mano de obra impidió la producción de las decenas de miles de tanques que, según Guderian, se necesitaban para una guerra potencialmente prolongada en el este. Por lo tanto, los optimistas asumieron que las nuevas tácticas de *la Blitzkrieg* garantizaban una rápida victoria sobre el Ejército Rojo.

Los estadounidenses también se sorprendieron. La población comenzó a ver por primera vez a la Alemania nazi como una seria amenaza. Roosevelt llegó a creer que la participación de EE.UU. en la guerra del lado del Reino Unido era inevitable. Sin embargo, tuvo que actuar con cautela porque el aislacionismo seguía siendo muy fuerte. A principios de junio de 1940, por orden presidencial, envió viejas existencias de armas y municiones a los británicos. El 2 de septiembre, acordó con Churchill el *trato de destructores por bases*: a cambio de 50 viejos destructores, muy útiles para el servicio de convoyes, las bases británicas en el hemisferio occidental se alquilaban a los estadounidenses. El 16 de septiembre, los Estados Unidos introdujeron el servicio militar obligatorio. Cuando Roosevelt fue reelegido por segunda vez en noviembre, pudo actuar más abiertamente a favor de los británicos. El 29 de diciembre, en una tertulia radiofónica, calificó a Estados Unidos de "Arsenal de la Democracia" y anunció un programa de producción masiva de armas. Recomendado como un medio para hacer que los británicos luchen en lugar de los estadounidenses, en realidad se utilizó principalmente para convertir la mayor economía del mundo en una superpotencia militar también. El 11 de marzo de 1941 entró en vigor la Ley de Préstamos y Arrendamientos. Esto permitió al gobierno estadounidense arrendar gratuitamente material de guerra por valor de 50.000 millones de dólares a otros aliados durante la guerra. El 14 de agosto de 1941, el Reino Unido y los Estados Unidos concluyeron la Carta del Atlántico, en la que exponían su visión de la situación de posguerra. Durante la segunda mitad de 1941, los buques de superficie estadounidenses escoltaron convoyes en el Atlántico occidental y atacaron a los submarinos alemanes.

58

# La batalla del Atlántico

Los submarinos alemanes ya habían hundido el dirigible británico *Courageous* y el acorazado *Royal Oak* en 1939. El talón de Aquiles del Reino Unido era el hecho de que el 70% de sus alimentos tenían que ser importados. Por lo tanto, un bloqueo efectivo podría matar de hambre a Gran Bretaña. A partir de 1940, utilizando los puertos franceses y un número creciente de submarinos, la *Kriegsmarine* intentó hundir más barcos mercantes británicos de los que se podían construir.

En 1941, ya estaban perdiendo esa carrera debido al eficaz sistema de navegación en convoyes escoltados. Tras la declaración de guerra a EE.UU., el objetivo se hizo completamente imposible a pesar de la Operación Paukenschlag para golpear la navegación costera estadounidense.

En mayo de 1943, el número de submarinos operativos alemanes alcanzó un máximo de 240. Las pérdidas aliadas fueron elevadas, pero luego disminuyeron rápidamente debido a la introducción de sistemas de sonar y radar para detectar submarinos, patrullas aéreas de largo alcance y el desciframiento de los códigos Enigma para cifrar las comunicaciones militares alemanas.

Aunque 3.500 barcos mercantes aliados fueron finalmente hundidos en el Atlántico, los alemanes perdieron 783 submarinos. Su enorme inversión en armamento submarino no tuvo un impacto positivo notable en el curso de la guerra para ellos.

Además de los submarinos, Alemania también podía dar caza a los barcos mercantes aliados con grandes buques de superficie, *los raiders*. Sin embargo, no tenían demasiados. Tras perder el acorazado *Bismarck* en mayo de 1941, ya no se aventuraron al oeste de las Islas

Británicas. Sin embargo, atacaron los convoyes aliados a Murmansk desde los fiordos noruegos hasta 1944.

# Guerra Aérea

Sin embargo, a diferencia de Alemania, el Reino Unido produciría en masa bombarderos estratégicos cuatrimotores con una gran autonomía de vuelo. A partir de febrero de 1941, trató de golpear con ellas los centros de población y las industrias alemanas.

Hasta bien entrado el año 1944, esta era la única opción para atacar directamente a Alemania. Los bombardeos tuvieron poco efecto al principio, en parte debido a la necesidad de operar sólo de noche por seguridad.

En 1942, Estados Unidos se unió a la guerra aérea. Los B-17 Flying Fortress, fuertemente armados, permitieron a los estadounidenses volar incluso durante el día. En 1943, los aliados se habían hecho tan fuertes que podían empezar a destruir sistemáticamente todas las ciudades alemanas. Esto obligó a los alemanes a invertir en un amplio cinturón de instalaciones de radar, aeródromos y cañones antiaéreos, en Francia, los Países Bajos y la propia Alemania. Esto redujo el suministro de armas a los frentes.

En 1944, el 20% de la producción de munición alemana y el 30% de las armas de fuego directo fabricadas se destinaban al sector antiaéreo. A principios de 1944, el P-51 Mustang de EE.UU. estuvo disponible, un caza de largo alcance capaz de escoltar a los bombarderos en Alemania. A mediados de 1944, los aliados conquistaron Francia, lo que abrió un agujero en las defensas aéreas alemanas y les permitió utilizar bases cercanas a Alemania.

La eficacia de los bombardeos de alfombra era limitada. No quebró la moral de la población civil y la producción de la industria bélica alemana siguió aumentando cada año. Sólo en la segunda mitad de 1944 la producción industrial alemana cayó bruscamente.

La guerra aérea requirió un enorme compromiso de hombres y equipos en ambos bandos. Los aliados utilizaron a Gran Bretaña en 1944/1945 como base de ataque para una flota aérea de treinta mil bombarderos y cazas, quince veces más de lo que *la Luftwaffe* tenía disponible en el oeste en ese momento. Las pérdidas aliadas fueron elevadas, cuarenta mil aviones, pero su gran capacidad de producción las compensó. Los alemanes perdieron un total de cincuenta mil aviones en esta batalla. Los aliados lanzaron un millón y medio de toneladas de bombas sobre Alemania, matando a medio millón de civiles alemanes.

# África y el Mediterráneo

Italia, con un ejército débil y una capacidad industrial limitada, se embarcó en una serie de aventuras militares en las que sólo la ayuda alemana evitó una rápida derrota. En agosto de 1940 ocupó la Somalilandia británica. Una contraofensiva británica hasta noviembre de 1941 provocó la pérdida de la Somalilandia italiana, Eritrea y Abisinia.

El 13 de septiembre de 1940, doscientos mil hombres invadieron el Reino de Egipto controlado por los británicos desde Libia, amenazando el Canal de Suez y los campos petrolíferos de Irak y Persia. En esto, los británicos capturaron el este de Libia. La flota italiana fue eliminada en gran parte. El Afrika Korps alemán al mando de Erwin Rommel recapturó la Cirenaica a principios de 1941.

Después de que la zona se le volviera a perder a finales de 1941, Rommel avanzó primero hacia Gazala y luego hacia El Alamein en 1942, a sólo 106 kilómetros al oeste de Alejandría. Ya no logró romper la posición británica allí.

# Los Balcanes

Albania ya había sido ocupada por los italianos en abril de 1939. Mussolini, celoso de los éxitos alemanes, inició la Guerra Greco-Italiana el 28 de octubre de 1940.

La ofensiva italiana se estancó y una contraofensiva griega después del 14 de noviembre de 1940 lanzó a los italianos muy por encima de la frontera con Albania. Al principio, los griegos rechazaron el apoyo británico, para no provocar a Hitler. Sólo se permitió una pequeña base en Creta.

Alemania comenzó a realizar cambios territoriales en los Balcanes.

La principal víctima fue Rumanía, que tuvo que ceder Zevenburgen a Hungría, Besarabia a la Unión Soviética y el sur de Dobroedzja a Bulgaria. Después de que las tropas alemanas entraran en Bulgaria, los griegos permitieron que las tropas británicas desembarcaran en su territorio.

Yugoslavia también se unió al Eje, pero el 27 de marzo de 1941 se produjo un golpe de estado como respuesta. Por ello, en la Invasión de Yugoslavia, las fuerzas alemanas, italianas, húngaras y búlgaras arrollaron las fragmentadas defensas yugoslavas a partir del 6 de abril de 1941. Al mismo tiempo, las fuerzas alemanas invadieron Grecia desde Bulgaria.

Los griegos no reforzaron suficientemente la Línea Metaxas ni la conectaron con el frente albanés, por lo que la fuerza greco-británica cedió ante la supremacía alemana. El 27 de abril de 1941, Atenas cayó. El 20 de mayo, los paracaidistas alemanes llevaron a cabo un desembarco en Creta, que consiguieron capturar a los británicos tras 10 días de duros combates. Yugoslavia y Grecia se dividieron. La campaña provocó un retraso en los preparativos alemanes para la invasión de la Unión Soviética.

Las potencias del Eje tenían aparentemente el control de los Balcanes, pero se enfrentarían a una feroz lucha partisana en Yugoslavia, Albania y Grecia, a la que los aliados occidentales apoyaron con suministros de armas y destinaron muchas divisiones. Los movimientos de resistencia nacionalista y comunista también lucharon entre sí, lo que dio lugar a la Guerra Civil griega que duraría hasta 1949.

En Yugoslavia y Albania, los comunistas fueron lo suficientemente fuertes como para expulsar a los alemanes de amplias zonas más o menos por sí solos, lo que les permitió seguir siendo inconformistas en el bloque comunista de posguerra. De Grecia, los alemanes se retiraron por voluntad propia a finales de 1944, cuando el avance del Ejército Rojo amenazó con cortarles el paso.

# El frente oriental

La batalla en el Frente Oriental fue el conflicto central en Europa entre 1941 y 1945, en el que las dos mayores potencias europeas determinaron en gran medida el resultado de la guerra. El nacionalsocialismo quería ganar *Lebensraum* exterminando a los judíos en el este, destruyendo el comunismo y, según el *Generalplan Ost,* subyugando permanentemente a una población eslava mermada a una capa superior de colonizadores germánicos. Más que una búsqueda imperialista de territorio o recursos, fue una lucha existencial a vida o muerte para ambos estados.

El frente oriental fue el que sufrió más bajas, entre civiles y soldados. De los 3 251 868 muertos y desaparecidos del ejército de campaña alemán hasta el 30 de noviembre de 1944, después de lo cual no hay datos exactos, 2 416 784 cayeron en el Frente Oriental. Esto refleja el despliegue relativo de hombres, suministros y equipos.

En el frente oriental, Alemania fue derrotada. Como el desgaste en otros frentes era mucho menor, y las fuerzas aéreas, antiaéreas o navales se llevaban un tercio de los militares disponibles, sólo una minoría de la fuerza total de Alemania estaba en el este en un momento dado, por cierto. Aunque los efectivos de la Wehrmacht se elevaron a cerca de 10 millones en 1943, su fuerza en el frente oriental cayó por debajo de los tres millones, en parte porque la mayoría hizo todo lo posible para ser desplegada en otro lugar. El Ejército Rojo registró la muerte de 6 329 000 soldados.

**Operación Barbarroja**

El 22 de junio de 1941, el ejército alemán estaba en la cúspide de su poderío bélico, con una masa de 153 divisiones preparadas a pleno rendimiento y totalmente abastecidas para la invasión de la Unión Soviética.

Más de tres millones de soldados alemanes, equipados con 3.580 tanques, 7.184 cañones y 2.740 aviones, iniciaron la Operación Barbarroja, apoyados por los ejércitos rumano y finlandés. El ejército rojo, mucho más numeroso, con casi seis millones de soldados, 25 700 tanques y 18 700 aviones, era inferior en experiencia, competencia, entrenamiento, capacidad de combate y apoyo logístico. En la primera fase, los soviéticos cometieron el error de intentar imitar la guerra de movimientos moderna alemana en lugar de atrincherarse o posicionarse en profundidad. Como resultado, sus ejércitos fronterizos y cuerpos mecanizados fueron rodeados y destruidos en cinco semanas.

A finales de julio, Alemania parecía haber ganado la guerra contra la Unión Soviética, y con ella la Segunda Guerra Mundial en su conjunto. Los pedidos de armas para el ejército se redujeron firmemente.

El Grupo de Ejércitos Norte alemán tenía ahora que avanzar hacia Leningrado, el Grupo de Ejércitos Sur tenía que alcanzar los campos petrolíferos del Cáucaso y el Grupo de Ejércitos Central tenía que capturar Moscú.

Antes de octubre, toda la zona al oeste del Volga tuvo que ser ocupada antes de que el barro otoñal hiciera intransitable la red de carreteras sin pavimentar. Ya no se esperaba una resistencia importante.

De hecho, grandes ejércitos soviéticos se estaban formando de nuevo en la línea de Luya - Smolensk - Kiev. La gente había subestimado seriamente la capacidad de movilización del Ejército Rojo: llamaría a casi 30 millones de reservistas y reclutas hasta el final de la guerra.

El revés provocó una crisis en el mando alemán. Se empezó a comprender que la batalla no duraría unos meses, sino muchos años, mientras que el país no estaba preparado para una guerra prolongada. El ejército alemán aprovechó el mes de agosto para reabastecerse y establecer una nueva estrategia.

En esto, se produjo un segundo acontecimiento amenazador para los alemanes: Hitler, a pesar de ser un aficionado total, comenzó a interferir cada vez más en el mando operativo. Ordenó al Grupo de Ejércitos Central que girara hacia el sur para unirse al Grupo de Ejércitos Sur en la destrucción del ejército soviético cerca de Kiev.

73

Una vez que las tropas volvieron a su posición, la ofensiva contra Moscú se estancó en octubre. Durante las primeras heladas, llegaron a la línea Leningrado-Moscú-Rostov, pero luego las tropas mal abastecidas fueron golpeadas por el frío ruso, sin equipo de invierno. La primera contraofensiva real de la Unión Soviética en diciembre y enero de 1942 hizo retroceder al Grupo de Ejércitos Centro casi doscientos kilómetros.

El 11 de diciembre, Hitler declaró la guerra a los Estados Unidos de América. En cuatro meses, Alemania había pasado de una posición aparentemente ganada a una geoestratégica desastrosa.

**Stalingrado**

El ejército alemán en el Frente Oriental quedó permanentemente debilitado en el invierno de 1941/1942. La producción de armas alemanas sólo aumentó gradualmente y los efectivos de los tanques nunca volverían a alcanzar los tres mil. Sin embargo, la industria armamentística de la Unión Soviética, mucho más grande, había sido evacuada de Leningrado y Kharkov a los Urales y fabricaría veinte mil tanques en 1942, de los tipos superiores T-34 y KV-1. Los nuevos ejércitos soviéticos se situaron principalmente frente a Moscú. Esto dejó el sector sur peor ocupado. En consecuencia, Hitler ordenó atravesarla con unas cincuenta divisiones que aún habían logrado ponerse al día. De este modo, esperaba capturar los campos petrolíferos del Cáucaso, ganando combustible y tiempo para construir la industria bélica alemana. Las unidades acorazadas alemanas alcanzaron el Don en el verano de 1942 y luego giraron hacia el sur para emprender una lejana marcha hacia Bakú, que, sin embargo, nunca sería alcanzada. Ya no podían cumplir su función de reserva acorazada, mientras que los largos flancos de su avance sólo podían cubrirse desplegando ejércitos inferiores italianos, húngaros y rumanos.

La situación se volvió aún más arriesgada cuando Hitler ordenó capturar Stalingrado, en el Volga, un importante centro de la industria armamentística. El Sexto Ejército bajo el mando de Friedrich Paulus, en una inútil batalla de prestigio, se dejó envolver en sangrientos combates urbanos. Un movimiento de pinza, a través de los ejércitos rumanos de flanqueo, rodeó a un cuarto de millón de hombres del Sexto Ejército en la Operación Urano en noviembre de 1942. Un intento de retirada por parte de las tropas acorazadas retiradas apresuradamente del Cáucaso fracasó, y el 2 de febrero de 1943 los remanentes capitularon. Nunca antes se había perdido un ejército alemán entero. Las posteriores ofensivas soviéticas también destruyeron a las tropas húngaras e italianas, tras lo cual casi toda la zona sobre el Cáucaso tuvo que ser evacuada por los alemanes y los blindados avanzaron cientos de kilómetros hacia el oeste.

La pérdida de prestigio para Alemania fue enorme. Joseph Goebbels declaró la "guerra total", es decir, con cargas aún más pesadas para la población alemana. La batalla demostró que el Ejército Rojo adquirió gradualmente la capacidad operativa para derrotar a las unidades alemanas mejor entrenadas con una superioridad numérica de tropas de menor calidad.

# El Alamein, *Antorcha* e Italia

Al mismo tiempo que la Batalla de Stalingrado, Bernard Montgomery, reforzado significativamente con equipo estadounidense, infligió una devastadora derrota a Rommel en la Segunda Batalla de El Alamein en noviembre de 1942. Ese mismo mes, británicos y estadounidenses desembarcaron en Argelia y Marruecos en la Operación Antorcha. Rommel avanzó hacia el oeste, hacia Túnez, pero el ejército del Eje fue destruido en mayo de 1943, por lo que fue expulsado completamente de África.

Los aliados desembarcaron en Sicilia el 10 de julio de 1943, lo que provocó la caída y el arresto de Benito Mussolini el 25 de julio, tras lo cual el gobierno de Pietro Badoglio negoció la paz en secreto. El 3 de septiembre de 1943, se cruzó el Estrecho de Messina. Italia concluyó un armisticio el 8 de septiembre y se puso del lado de los aliados el 13 de octubre. Los alemanes habían estado ocupando Italia según *Fall Achse* desde principios de agosto y encontraron poca resistencia italiana. Se llevaron a unos setecientos mil prisioneros de guerra italianos como esclavos laborales. Las unidades blindadas

77

alemanas que resistieron la operación Avalancha, el desembarco en Salerno, el 9 de septiembre, se retiraron y, con los refuerzos, formaron un fuerte frente principal al sur de Roma. Los intentos de atravesarlo en la batalla de Montecassino fracasaron. Sin embargo, los alemanes se sintieron obligados a evacuar Cerdeña y Córcega ya en 1943. En enero de 1944, los aliados trataron de atacar la línea desde la retaguardia a través del desembarco de Anzio, pero incluso eso siguió siendo una cabeza de puente aislada. Sólo en mayo de 1944 se rompió la línea y Roma fue liberada el 4 de junio de 1944. Los alemanes bloquearon entonces un avance hacia el norte en la *Gotenstellung*, que no cayó hasta abril de 1945, tras lo cual los alemanes capitularon en Italia el 30 de abril.

El frente italiano se apoderó de unas 30 divisiones alemanas, debilitando gravemente el frente oriental. El 12 de septiembre de 1943, Mussolini fue liberado por una acción de comandos alemanes y, a continuación, se puso al frente de la República Social Italiana, un estado rústico sin el sur y el Tirol del Sur anexionados a Alemania. El ISR sólo hizo un esfuerzo de guerra menor. El 28 de abril de 1945, Mussolini fue ejecutado por los partisanos.

# Conferencias de Casablanca y Teherán

La gran coalición que se había formado en 1941 entre el Reino Unido, la URSS y Estados Unidos tuvo dificultades para llegar a una estrategia conjunta. Siempre existía la amenaza de que los aliados occidentales o la Unión Soviética hicieran una paz por separado con Alemania.

Una paz en el oeste pondría fin a los principales suministros de armas de los Aliados al Ejército Rojo, daría a Hitler acceso al petróleo y a las materias primas y liberaría a millones de soldados para lo que podría ser una batalla exitosa en el frente oriental. Por el contrario, sin ese frente oriental, el éxito de los desembarcos en Europa sería extremadamente problemático y la liberación de Europa Occidental, dudosa.

También hubo puntos de discordia entre el Reino Unido y Estados Unidos. El 27 de marzo de 1941 ya habían acordado dar prioridad a la lucha en Europa sobre la lucha contra Japón.

En 1942, sin embargo, Japón obtuvo importantes victorias y Roosevelt quería una mayor contribución británica a la guerra en Asia y esperaba completar la victoria final contra Hitler lo antes posible para que las fuerzas estadounidenses quedaran libres para luchar en el Pacífico.

Apostó por la apertura de un Segundo Frente en 1943, algo que Stalin también reclamaba con insistencia. Sin embargo, los británicos no lo consideraron realista. Churchill quería atacar el "vientre blando" de Europa,

80

primero con un desembarco en Italia y luego con un desembarco en los Balcanes. Siempre había sido un anticomunista acérrimo y, por tanto, esperaba evitar la dominación soviética de Europa del Este. Churchill no era reacio a una paz separada con Alemania, siempre que Hitler fuera derrocado.

En enero de 1943, en la Conferencia de Casablanca, se resolvieron parcialmente las diferencias entre los aliados occidentales. Primero conquistarían Túnez y desembarcarían en Italia, pero luego en Francia y no en los Balcanes.

Se hicieron esfuerzos para reconciliar a la Francia Libre de De Gaulle y a las autoridades francesas en el norte de África para que, muy gradualmente, Francia recuperara el papel de socio de pleno derecho en la guerra, algo facilitado por el hecho de que Alemania había ocupado Francia después de *Antorcha* Vichy. Roosevelt hizo que la Declaración de Casablanca incluyera la exigencia de una "rendición incondicional" de las potencias del Eje, lo que prácticamente descartaba una paz por separado.

Stalin no estuvo presente en Casablanca. En noviembre de 1943, se reunió con Churchill y Roosevelt en la Conferencia de Teherán. Allí Churchill aceptó un desembarco en Francia en mayo de 1944, el fin de sus planes en los Balcanes. Stalin prometió una gran ofensiva de verano para ese año. Churchill y Stalin llegaron a un acuerdo sobre las nuevas fronteras de Polonia. También se acordó dividir Alemania. Roosevelt sugirió la formación de las Naciones Unidas. Al hacerlo, entusiasmó a Stalin con la idea de dividir el mundo en dos bloques de poder después de la guerra, que podrían coexistir pacíficamente.

## Kursk y Ucrania

El colapso del frente alemán en Ucrania hizo que Hitler se diera cuenta de que necesitaba poner el mando operativo del frente oriental en manos de un profesional. En una brillante campaña durante febrero y marzo de 1943, Von Manstein destruyó los blindados del Ejército Rojo y estabilizó la situación, recapturando Kharkov. Sería la última gran victoria alemana de la guerra. Durante 1943, la producción de tanques alemanes aumentó.

Guderian instó a Hitler a utilizarlo para formar una gran reserva blindada en el este de unos dos mil tanques. Si se podía reunir un número igual en el oeste, había buenas esperanzas de repeler cualquier ataque aliado. Esto dependía de la creación de divisiones de granaderos blindados equilibradas, en las que la infantería, equipada con semiorugas, colaboraba estrechamente con los tanques y los bombarderos en picado.

Sin embargo, Hitler dio prioridad a sus objetivos políticos. Temiendo un golpe de estado de los generales, permitió que las Waffen-SS se convirtieran en un ejército paralelo. Los recursos humanos que se gastan en ella podrían haberse utilizado de forma mucho más eficiente, poniendo al día las divisiones regulares, estructuralmente escasas de personal.

Las SS destacaron el supuesto valor de una fanática "voluntad de conquista" nacionalsocialista por encima de la profesionalidad. Esa voluntad también debía justificar la orden de Hitler de mantenerse siempre firme, incluso cuando la retirada fuera la única opción sensata.

Después de Stalingrado, Hitler quería disipar la impresión de que Alemania ya había perdido la guerra. Para ello, era necesario llevar a cabo una gran ofensiva de verano, como en 1941 y 1942. El arco del frente cerca de Kursk fue elegido como inicio de esa operación. Alemania había desarrollado una nueva generación de tanques en respuesta al T-34: el Tiger I y el Panther. Esos tipos resultaron ser caros de producir y Hitler pospuso el ataque hasta que hubiera más de ellos disponibles. Eso permitió al Ejército Rojo construir amplios cinturones de defensa de artillería antitanque en Kursk.

En la batalla de Kursk, en julio de 1943, este último gran ataque de los alemanes encalló. Perdieron definitivamente la iniciativa estratégica, pero también la posibilidad de montar una defensa eficaz. Su número de tanques operativos se redujo al millar, insuficiente para cerrar sus débiles líneas, ocupadas por divisiones de infantería con escasa dotación y todavía dependientes del transporte a caballo, tras una irrupción de los ejércitos de tanques enemigos.

En septiembre, el ejército alemán huyó al Dnieper. Esperaba construir un *muro de contención* en el ancho arroyo tras el que recuperarse. El mando soviético se dio cuenta de que había que evitarlo a toda costa. El Ejército Rojo cruzó el río y hasta abril de 1944 llevó a cabo una serie de ofensivas en las que un despliegue masivo de tropas y tanques expulsó a los alemanes del oeste de

Ucrania. Hitler prohibió traer divisiones blindadas de Francia por temor a que esto formara parte de un plan para derrocarlo. La única esperanza que le quedaba era hacer fracasar la "invasión". Su prohibición de retirarse condujo a pérdidas alemanas innecesariamente grandes.

# Desembarco en Normandía

Hasta el verano de 1944, los grandes ejércitos y las reservas de material acumuladas por los aliados occidentales apenas se habían desplegado. Sólo podrían convertirse en un factor decisivo tras invadir Europa Occidental.

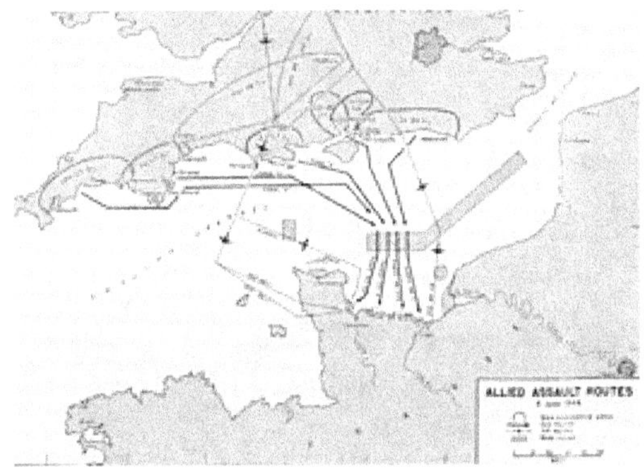


Era esencial para el éxito de la defensa de Alemania que dicho desembarco fracasara. Sin embargo, debido a las pérdidas en el Frente Oriental, Hitler sólo había acumulado la mitad de las reservas de blindaje necesarias en Francia, a pesar del aumento de la producción de tanques. La superioridad aérea aliada dificultaría el movimiento de esas reservas. Rommel esperaba conducir a las fuerzas de desembarco hacia el mar ya en las primeras 24 horas porque la línea de defensa de la costa oeste, el *Muro del Atlántico*, tenía poca profundidad. Sin embargo, nadie se atrevió a adivinar dónde se produciría exactamente el desembarco y las reservas se dispersaron.

El 6 de junio de 1944, *Día D*, comenzó la Operación Overlord, la mayor operación combinada anfibia y aerotransportada de la historia, con más de seis mil buques, apoyados por doce mil aviones, que desembarcaron en cinco cabezas de puente en la costa de Normandía. Gracias a sus reservas de equipo, los aliados ganaron la guerra de desgaste con las reservas alemanas que llegaban lentamente. A finales de julio de 1944, los estadounidenses iniciaron la Operación Cobra, abarcando el frente principal alemán desde el oeste. Hitler prohibió la retirada y las fuerzas alemanas en Normandía fueron ampliamente destruidas. El 15 de agosto, los aliados desembarcaron en el sur de Francia, en la Operación Dragoon, y avanzaron rápidamente hacia el norte. París fue liberada por la Francia Libre el 25 de agosto de 1944. El ejército alemán huyó hacia el noreste. A principios de septiembre, Francia y Bélgica estaban en gran parte liberadas.

# Operación Bagration

Tras el Día D, una parte importante de las divisiones acorazadas alemanas fueron trasladadas del este a Francia. El frente oriental alemán era ahora muy vulnerable. La pérdida del oeste de Ucrania había ampliado la línea del frente a unos cuatro mil kilómetros. Las reservas de blindados que quedaban debían situarse en el sur de Polonia para evitar que el Ejército Rojo avanzara de golpe hacia el Mar Báltico. El Grupo de Ejércitos Central, al que aún le quedaban 70 tanques, fue atacado en la Operación Bagration el 22 de junio de 1944 y prácticamente destruido en un mes. Bielorrusia fue liberada y el avance acabó aislando al Grupo de Ejércitos Norte en Courland.

Finlandia puso fin a todas las operaciones de guerra contra la Unión Soviética el 5 de septiembre. El 20 de agosto, el Ejército Rojo abrió una gran ofensiva contra Rumanía. Dos ejércitos alemanes fueron rodeados y destruidos, tras lo cual el país se puso del lado de los Aliados. Esto privó a Alemania de su única fuente importante de petróleo. El 5 de septiembre, la Unión Soviética declaró la guerra a Bulgaria, que cesó inmediatamente toda resistencia. El Ejército Rojo cruzó los Cárpatos y avanzó hasta Budapest.

# Retraso en el avance de los aliados

Las catástrofes del verano de 1944 habían causado daños irreparables a la Wehrmacht. En Normandía y en el frente oriental, 130 divisiones habían sido destruidas o aisladas. Sólo se podían cerrar los frentes desplegando en ellos a reclutas apenas entrenados, lo que reducía gravemente la calidad de las unidades de combate.

Esto era tanto más grave cuanto que los ejércitos de los aliados occidentales estaban formados por divisiones de élite: totalmente motorizadas y ampliamente equipadas con vehículos blindados. Sin embargo, esto no condujo al colapso instantáneo de la Alemania nazi. El avance aliado se estancó y sólo se reanudó a principios de 1945.

En parte, esto se debió a las desesperadas medidas de emergencia adoptadas por el régimen. Tras el asesinato de Hitler, prevaleció una atmósfera paranoica de terror y cualquier signo percibido de resistencia o falta de voluntad podía ser castigado con la muerte.

Las mujeres estaban sometidas a una obligación de trabajo prolongada y cualquier hombre o niño que pudiera llevar un arma era reclutado en el *Volkssturm*. Sin embargo, la razón principal del retraso radicaba en importantes problemas logísticos: tras los intensos combates, las tropas aliadas debían ser reabastecidas y, debido al gran terreno ganado en las líneas de suministro más largas, en el oeste hasta Normandía.

Sin embargo, el 17 de septiembre, en la Operación Market Garden, los británicos y los estadounidenses intentaron aprovechar rápidamente la debilidad alemana. Los desembarcos aerotransportados debían tomar los puentes sobre los principales ríos holandeses para sortear la muralla occidental a través del puente del Rin en Arnhem

93

y avanzar hacia el Ruhr. Esto fracasó y sólo la sangrienta batalla del Escalda permitió a los aliados despejar la ruta marítima hacia el vital puerto de Amberes en otoño. En diciembre de 1944, Hitler apostó su última reserva de blindados a la Ofensiva de las Ardenas para retomar Amberes; esto retrasó el renovado ataque aliado sólo seis semanas. La propaganda alemana sobre *las Wunderwaffen* sugería que un último esfuerzo podría ganar tiempo para el despliegue de armas atómicas, pero en realidad la V1, una "bomba voladora", y el misil balístico V2 sólo podían estar equipados con cabezas convencionales que causaron varios miles de víctimas civiles, especialmente en Londres y Amberes.

# 1945

En enero de 1945, el Ejército Rojo abrió la Ofensiva Wisła-Oder con la mayor concentración de hombres y equipos de la guerra. Como Hitler había malgastado su reserva de blindaje en la Ofensiva de las Ardenas, el ataque no pudo seguir adelante y el ejército alemán en Polonia fue aplastado, y los soviéticos avanzaron hasta Berlín.

La batalla se prolongó porque, temiendo los ataques de flanco, primero purgaron Silesia, Prusia Oriental y Pomerania en marzo. Hitler, mientras tanto, ordenó algunos ataques infructuosos en Hungría. Esto sólo condujo al agotamiento de sus tropas. Viena fue rápidamente tomada y los políticos de allí volvieron a proclamar una Austria independiente. En abril de 1945, un movimiento de pinzas rodeó la capital alemana en la batalla de Berlín.

En febrero de 1945, los británicos y los estadounidenses capturaron Renania. El Rin no resultó ser un obstáculo insuperable a partir de entonces.

El 7 de marzo de 1945, los estadounidenses capturaron el puente Ludendorff cerca de Remagen y el 24 de marzo, las tropas aliadas cruzaron el Rin en Wesel en la Operación Saqueo, el último gran desembarco aéreo de la guerra. Las defensas alemanas en el oeste se derrumbaron en respuesta. La Wehrmacht anunció su intención de librar al mayor número posible de civiles de la venganza del Ejército Rojo de esta manera.

En los Países Bajos, sin embargo, los oficiales holandeses de las SS siguieron defendiendo Holanda y Utrecht, agravando el Invierno del Hambre. Hitler promulgó los "decretos de Nerón" para destruir el país con el fin de negar al pueblo inferior alemán cualquier posibilidad de existencia después de la guerra, pero no pudieron aplicarse a gran escala. Estadounidenses y rusos se dan la mano en Torgau, en el Elba, el 25 de abril de 1945. Hitler, al darse cuenta de que todo estaba perdido, se suicidó en su búnker rodeado de Berlín el 30 de abril de 1945. El 1 de mayo de 1945, la radio alemana anunció que el Führer había muerto al frente de sus tropas que defendían Berlín. Con esta última mentira, la Alemania nazi cayó. Las tropas de los Países Bajos se rindieron el 5 de mayo. La rendición general fue firmada por los representantes del gobierno de Karl Dönitz el 7/9 de mayo de 1945.

Después de que los países de América Central y Brasil les precedieran, a principios de 1945 la mayoría de los países sudamericanos también declararon la guerra a Alemania, así como Turquía. La participación en la guerra fue inicialmente una condición para convertirse en miembro de las Naciones Unidas, que se estableció en abril. En la Conferencia de Yalta, celebrada del 7 al 11 de febrero de 1945, durante la cual Roosevelt, Churchill y Stalin hicieron muchos arreglos formales e informales sobre la situación de posguerra, la Unión Soviética había acordado participar en la ONU, con asientos separados para Bielorrusia y Ucrania.

97

# Comparación económica

El curso de la guerra dependía de manera compleja de la producción relativa de armas. Al principio de la guerra, Alemania ya iba por detrás de los Aliados en este aspecto. Logró éxitos sólo gracias a la superioridad táctica.

El desequilibrio fue mayor en 1942. En poco tiempo, Estados Unidos había creado un complejo militar-industrial que producía el doble que las potencias del Eje juntas. A las grandes empresas industriales se les dio libertad para regular la economía en estrecha colaboración. La producción industrial total aumentó una cuarta parte al año, hasta más que duplicarse al final de la guerra.

La economía planificada soviética permitió un crecimiento similar de la industria armamentística en 1942, aunque a costa del resto del consumo. Sin embargo, debido a la situación estratégica, Alemania logró mantenerse en 1942 y 1943. En 1944, Alemania se había puesto al día en gran medida. Sin embargo, no pudo acumular reservas debido a errores estratégicos, mientras que las fuerzas alemanas se vieron perjudicadas por la escasez de combustible. El Día D llevó a los ejércitos estadounidenses al campo de batalla y la ventaja táctica de Alemania desapareció, lo que selló su derrota.

En 1942, Hitler y sus aliados en Europa controlaban una zona, el *Großraum*, con más habitantes que la Unión Soviética y los Estados Unidos juntos y con una producción económica igual a la de los estadounidenses. Sin embargo, ese potencial fue mal aprovechado y, en conjunto, apenas creció.

Al descuidar previamente los ferrocarriles, los alemanes se vieron obligados a saquear locomotoras de otros países, reduciendo gravemente la capacidad de transporte de los territorios ocupados. De este modo, la producción estancada de carbón, la fuente de energía más importante con diferencia, ya no podía distribuirse de forma eficiente. La mayoría de los aliados estaban técnica y socialmente subdesarrollados y sus poblaciones no podían ser utilizadas fácilmente para el esfuerzo bélico alemán.

Los Países Bajos y Francia todavía contribuyeron bastante en 1941, pero gran parte de su mano de obra tuvo que realizar trabajos forzados en Alemania para que más alemanes pudieran alistarse, un sistema ineficiente. El empleo masivo de prisioneros de guerra, trabajadores forzados y judíos destruyó aún más mano de obra. Alemania no tenía una verdadera economía planificada.

A medida que el NSDAP se apoderaba cada vez más de la sociedad, los ministerios perdían su poder de facto y la administración pública se volvía ineficaz. El propio partido se desintegró en facciones enfrentadas, todas ellas compitiendo por el favor de Hitler. Los industriales se sumaron y trataron de aflojar el dinero y los recursos con diseños espectaculares, aunque poco prácticos.

La producción agrícola se tambaleaba y todo el continente se balanceaba al borde de la hambruna en caso de pérdida de las cosechas. Incluso antes de la invasión de la

Unión Soviética, Herbert Backe había calculado que sólo matando de hambre a la población urbana de ese país se podría obtener un excedente de alimentos para Alemania.

Sin embargo, este *Plan del Hambre* no pudo aplicarse sistemáticamente y la zona ni siquiera pudo alimentar a las fuerzas de ocupación alemanas. En general, los territorios ocupados le costaron a Alemania más de lo que le produjeron.

La producción relativa de tanques de Alemania y la Unión Soviética puede servir de ejemplo de la evolución.

Alemania produjo muchos aviones, pero la producción de las potencias del Eje quedó muy por detrás de la producción total de aviones de los Aliados.

# La guerra en Asia

## Japón en la primera mitad del siglo XX

Japón se modernizó radicalmente durante el periodo Meiji, en la segunda mitad del siglo XIX. Sin embargo, la nueva superpotencia industrial carecía de recursos naturales. Entre 1859 y 1942, Japón llevó a cabo una política imperialista para asegurarse el suministro de materias primas y alimentos mediante la conquista y el control de los países vecinos. Para ello, creó un fuerte ejército y una de las mayores armadas del mundo.

Las victorias en la Primera Guerra Sino-Japonesa (1894-1895) y en la Guerra Ruso-Japonesa (1904-1905) dieron como resultado el control japonés de Taiwán al sur, Corea y Manchuria al oeste y Sajalín del Sur al norte. En 1919, Japón obtuvo el control del vasto territorio del Mandato del Pacífico Sur. La introducción, en 1925, del sufragio universal provocó una reacción conservadora que socavó cada vez más la democracia parlamentaria.

El impulso imperialista japonés se reavivó con la Gran Depresión después de 1929. Los militares comenzaron a determinar cada vez más la política exterior. Entre 1932 y

1936, el país fue gobernado por almirantes. Tras el fallido golpe de Estado del 26 de febrero de 1936 en Japón, el ejército impuso que el ministro de la guerra fuera siempre un general en activo. Después, el país fue efectivamente una dictadura militar.

# La segunda guerra chino-japonesa

Con la Guerra de Protección Nacional de 1915, la autoridad central de China perdió poder en favor de los señores de la guerra regionales. Como resultado, Japón ganó más influencia y obligó al débil gobierno chino a firmar "tratados desiguales". Los tratados se cumplían mal: un gobierno débil no podía hacerlos cumplir y uno fuerte no tenía interés en ellos.

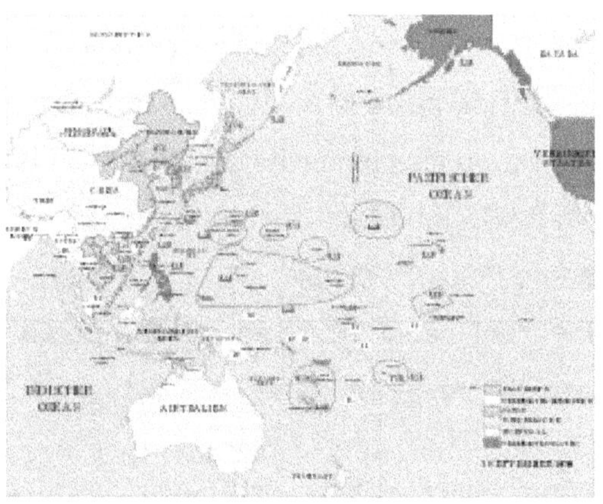

Tras someter a los señores de la guerra del sur y el centro de China a su control, Chiang Kai-shek, líder del Kwomintang, dirigió la Expedición del Norte en 1927 y 1928 contra los jefes de los señores de la guerra del norte en Pekín. Cuando Zhang Xueliang, el señor de la guerra que controlaba Manchuria, declaró su lealtad a Chiang, los japoneses intervinieron. Crearon un estado satélite de Manchukwo en 1931 bajo el último emperador chino Pu Yi. Japón se retiró de la Sociedad de Naciones, que condenó esta acción. Chiang atacó hasta 1936, con ayuda alemana, principalmente a los comunistas que expulsó del sur de China. Japón comenzó a controlar a los señores de la guerra en el norte.

A finales de 1936, Chiang fue secuestrado por Zhang Xueliang, el Incidente de Xi'an, y obligado a aliarse con los comunistas contra los japoneses. Por lo tanto, los oficiales del Ejército de Kwantung provocaron el Incidente del Puente Marco Polo el 7 de julio de 1937, sin el conocimiento del mando supremo japonés, como pretexto para ocupar el noreste de China.

Desde la perspectiva asiática, esta Segunda Guerra Chino-Japonesa se considera el inicio de la Segunda Guerra Mundial. Chiang siguió oponiéndose con vehemencia a la invasión. Japón atacó su capital a finales de 1937, lo que provocó la masacre de Nanking, con trescientas mil víctimas civiles. Millones de campesinos murieron por el terror, las inundaciones y la hambruna. Japón no consiguió derrotar a China ni explotar con provecho los territorios ocupados.

# El camino a Pearl Harbor

En 1938 se produjo una guerra fronteriza entre Japón y la Unión Soviética, que ocupó Xinjiang y apoyó a su estado satélite comunista, Mongolia. En agosto de 1939, el general Zhukov obtuvo una victoria decisiva sobre los japoneses en la batalla de Halhin Gol, tras la cual Japón abandonó su intento de expansión territorial en el norte. La influencia política del Grupo de Asalto Norte, exponente del Ejército japonés, disminuyó en favor del Grupo de Asalto Sur, favorito de la Marina japonesa. Cuando Alemania invadió la Unión Soviética, Japón se mantuvo neutral, considerando que una buena relación con Stalin respaldaba un ataque al sur.

En 1940, Japón firmó el Pacto de las Tres Potencias, un tratado de asistencia, con Alemania e Italia. Tras la conquista de los Países Bajos y Francia por parte de Alemania, en Estados Unidos se temía que Japón se aprovechara de ello para apoderarse de las colonias occidentales en el sudeste asiático. En septiembre de 1940, Vichy-Francia se vio obligada a poner el norte de Indochina bajo control japonés. Como castigo, Estados Unidos, el Reino Unido y el gobierno holandés en el exilio, que aún controlaba los recursos petrolíferos de las Indias Orientales Holandesas, instituyeron un boicot petrolero y siderúrgico contra Japón. En consecuencia, las fuerzas militares japonesas dirigidas por el almirante Isoroku Yamamoto comenzaron a preparar una campaña para expulsar a Estados Unidos del Pacífico. Julio de 1941 también ocupó el sur de Indochina.

A diferencia de los alemanes, la cúpula militar japonesa, el gobierno y el emperador se dieron cuenta muy bien de que esa batalla sería finalmente inútil. A pesar de una sólida base industrial, una guerra de desgaste contra la mayor economía del mundo estaba destinada a ser perdida.

No hacer nada no era una opción, ya que entonces el país se hundiría económica y militarmente debido al boicot por la falta de materias primas y petróleo, que importaba en un 90%. Cumplir con las exigencias de EE.UU. conduciría, sin duda, a una mayor presión diplomática para retirarse de China.

Tal pérdida de prestigio no sería compatible con el honor del ejército. Más bien, aceptaron el alto riesgo de una heroica derrota militar, consolándose con la escasa posibilidad de obtener una base económica a través de la conquista de los yacimientos petrolíferos del sudeste asiático, incluidas las Indias Orientales Holandesas, que obligarían a Estados Unidos a conformarse tras un devastador ataque a Pearl Harbour.

# La ofensiva japonesa

En 1941, Japón tenía la mayor flota de barcos voladores del mundo. Estos llevaron a cabo un ataque sorpresa contra Pearl Harbour, en el archipiélago de Hawai, el 7 de diciembre de 1941. La flota de combate de los EE.UU. fue eliminada en su mayor parte, pero los tres buques del campo de vuelo sobrevivieron porque se encontraban en un ejercicio.

Al mismo tiempo, comenzaron los ataques contra la Malaca británica y la colonia estadounidense de Filipinas. El 11 de diciembre, Hitler declaró la guerra a Estados

Unidos, esperando que los japoneses lo mantuvieran ocupado por el momento.

Tras una breve invasión, Tailandia dejó de oponer resistencia y se puso del lado de los japoneses en enero de 1942. El acorazado británico *Prince of Wales* y el crucero de batalla *Repulse* fueron hundidos por bombarderos frente a la costa de Malaca el 10 de diciembre. Los aliados se quedaron sin acorazados en este campo de batalla.

Las guarniciones coloniales aliadas, relativamente pequeñas, llevaron a cabo una defensa pasiva y fueron arrolladas pieza a pieza. Hong Kong cayó el 25 de diciembre de 1941. Los japoneses desembarcaron en la costa oriental de Malaca y atacaron la gran base naval británica desde tierra en la batalla de Singapur.

El 15 de febrero de 1942, los 130.000 soldados británicos, indios y australianos se rindieron. Las bases estadounidenses de Guam y Wake se perdieron. En enero siguieron las invasiones japonesas de Birmania, las Islas Salomón, las Indias Orientales Holandesas y Nueva Guinea. Manila, Kuala Lumpur y Rabaul fueron capturadas

111

por Japón. La guarnición estadounidense en Filipinas se retiró a la península de Bataan, pero tuvo que rendirse en abril. Bali y Timor cayeron en febrero de 1942; Rangún y Java en marzo. El intento de los cruceros ligeros aliados de detener la flota de desembarco japonesa fracasó en la Batalla del Mar de Java.

Mandalay le siguió a principios de mayo. Las fuerzas aéreas japonesas acabaron controlando el espacio aéreo por completo y llevaron a cabo bombardeos en el norte de Australia. La incursión Doolittle de abril de 1942, en la que los estadounidenses bombardearon Tokio, fue sólo un acto simbólico.

# La marea está cambiando

Una vez alcanzados sus objetivos bélicos iniciales, los japoneses dudaron sobre la estrategia a seguir. Los barcos del campamento aéreo se habían convertido en el factor decisivo de la guerra naval. Antes de que su programa de construcción diera ventaja a los estadounidenses, los japoneses querían conquistar tantos territorios como fuera posible. Primero hicieron una incursión hacia el oeste. El 5 de abril de 1942, cinco naves del campo de aviación atacaron Colombo.

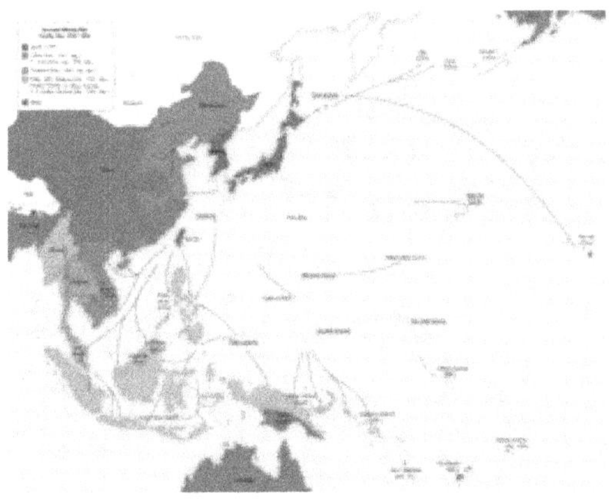

La flota británica se retiró de Ceilán, pero el 9 de abril el dirigible *HMS Hermes* fue hundido. Sin embargo, Japón se abstuvo de intentar establecer contacto con las potencias del Eje en Oriente Medio. La atención se desplazó hacia el sur. La conquista de Australia y Nueva Zelanda debilitaría el imperio británico, privaría a los aliados de una base para el contraataque y cortaría sus vínculos este-oeste.

Sin embargo, la armada japonesa no se dio cuenta de que los estadounidenses habían descifrado sus códigos. Mientras apoyaban un asalto anfibio preliminar a Port Moresby, en el este de Nueva Guinea, en mayo de 1942, durante la Batalla del Mar del Coral, fueron emboscados por dos buques *portaaviones* estadounidenses, la primera vez en la historia que *flotas de portaaviones* libraron una batalla.

Aunque el *USS Lexington (CV-2)* se hundió, los japoneses perdieron el *Shoho*. Y lo que es peor, murieron casi todos los pilotos del *Zuikaku* y el *Shokaku*, sus dos naves de campo voladoras más modernas. La invasión de Port Moresby fue cancelada.

A principios de junio, los cuatro grandes barcos voladores restantes atacaron Midway como preludio de la conquista de todo el archipiélago hawaiano, seguida de la destrucción de los muelles de California y de las esclusas del Canal de Panamá para impedir la acumulación de la flota estadounidense en el Pacífico.

Una vez más, fueron emboscados. Los bombarderos en picado de tres buques estadounidenses del campo de vuelo, el USS *Yorktown*, el USS *Enterprise* y el USS *Hornet*, hundieron el *Kaga*, el *Akagi*, el *Soryu* y el *Hiryu* los días 4 y 5 de junio.

Esta batalla de Midway, a pesar de la pérdida del *Yorktown*, fue el punto de inflexión de la guerra en Asia. Japón tardaría casi tres años en reemplazar los cuatro barcos hundidos.

Durante el mismo período, los astilleros estadounidenses botaron dieciséis grandes buques de campo de vuelo, además de nueve buques de campo de vuelo ligeros y, para su propia armada, cincuenta y cuatro *portaaviones de escolta*.

# Guadalcanal y el *salto de isla*

Ni Japón ni Estados Unidos eran capaces de realizar grandes ofensivas a mediados de 1942. La Armada Imperial siguió intentando avanzar hacia Australia. Un ataque terrestre desde el norte hacia Port Moresby fue bloqueado por los australianos a lo largo de la *vía Kokoda*. En agosto de 1942, un desembarco japonés fracasó por primera vez, en la batalla de Milne Bay.

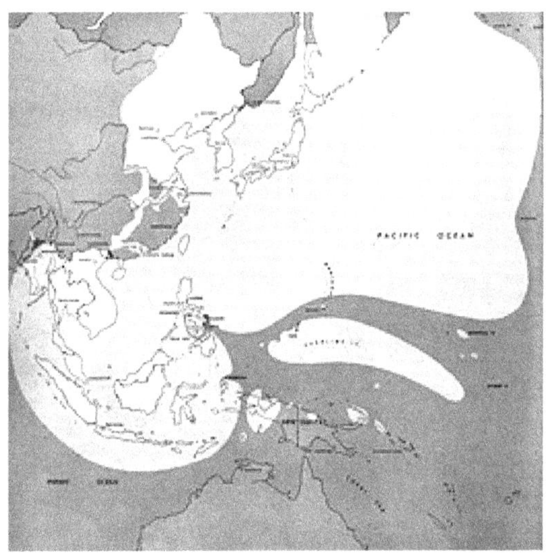

Ese mismo mes, tanto los estadounidenses como los japoneses desembarcaron en Guadalcanal, una de las
117

Islas Salomón. Así comenzó la Batalla de Guadalcanal, que duró seis meses y formó parte de la Batalla de las Islas Salomón. En numerosas acciones de la flota, los japoneses fueron perdiendo terreno a pesar de sacrificar muchos barcos y hombres. En 1943, los estadounidenses y australianos establecieron las cabezas de puente Buna y Gona en la costa noreste de Nueva Guinea.

Los estadounidenses pudieron establecer una estrategia agresiva en 1943 después de convertir rápidamente los cruceros en buques ligeros de campo de vuelo. Para derrotar a Japón, no era necesario reconquistar todo el sudeste asiático. Bastaría con tomar el norte de Filipinas para romper la línea de suministro de petróleo de Sumatra.

Este ataque desde el este iba a tener lugar en dos ejes. Douglas MacArthur debía avanzar hacia el oeste a través de la zona de Nueva Guinea con un eje sur.

Como eje del norte, el almirante Chester Nimitz quería tomar rápidamente islas estratégicas en una campaña de *salto de isla* o *leapfrogging*, pasando por delante de poderosas guarniciones japonesas y aislándolas, para conseguir el control de los archipiélagos al sur de Japón.

Los japoneses dirigieron tropas adicionales para acordonar estas ofensivas en una "estrategia de bloqueo", con la esperanza de ganar al menos seis meses para reforzar su flota, su fuerza aérea y sus guarniciones.

El asalto al sur comenzó en junio de 1943 con la sangrienta captura de Nueva Georgia. A esto le siguió en agosto un desembarco en Bougainville, que no sería tomada por completo hasta 1945. Dada la dura resistencia japonesa, McArthur también decidió jugar al salto y pasó a la fuerza principal japonesa en Rabaul, en Nueva Bretaña. En la primavera de 1944, había extendido su control a toda la costa norte de Nueva Guinea, tomando posiciones hasta tres mil kilómetros al oeste de Guadalcanal.

En noviembre de 1943 comenzó el ataque al norte con desembarcos en las islas Gilberts. Después de intensos combates, Tarawa fue tomada. En el invierno de 1944, penetraron en las Islas Marshall, capturando con bastante rapidez Majuro, Kwajalein y Eniwetok.

## Reconquista de Filipinas

A finales de la primavera de 1944, ambos bandos se preparaban para el *Kantai Kessen*, la "batalla naval decisiva". Los dos años de preparación habían sido mal aprovechados por los japoneses. No había habido capacidad industrial para producir una nueva generación de tanques, por lo que los vehículos blindados japoneses estaban ahora muy por detrás de los estadounidenses en cuanto a blindaje y potencia de fuego. El puñado de nuevos barcos del campamento volante fue empequeñecido por la *Gran Flota Azul* estadounidense. Uno de ellos no había podido formar a suficientes pilotos navales porque la primera tanda había sido enviada a la guarnición de Rabaul. Los submarinos estadounidenses hundían tantos barcos mercantes que los suministros de materias primas y petróleo se vieron muy reducidos. Por ello, a partir de abril de 1944, llevaron a cabo la Operación Ichi-Go, la mayor ofensiva del ejército japonés en la guerra, atravesando el sur de China para establecer un enlace terrestre con Indochina. La primavera también fue testigo del primer intento serio de invadir la India desde Birmania, en la Operación U-Go. Esta fue rechazada y los británicos, indios y chinos recuperarían gradualmente Birmania a lo largo de 1944 y 1945.

Junio de 1944, la Quinta Flota de EE.UU. atacó las Islas Marianas con siete grandes buques de campo volador. El 15 de junio, desembarcaron en Saipán. La Armada Imperial se dirigía ahora hacia el este con cinco grandes buques de campamento volante, entrando en la Batalla del Mar de Filipinas el 19 y 20 de junio, la mayor batalla naval jamás librada entre *flotas de portaaviones*. Resultó ser una amarga decepción. Ni un solo portaaviones estadounidense fue alcanzado. Más de cuatrocientos pilotos navales japoneses fueron derribados. Los submarinos estadounidenses hundieron los barcos del campo de aviación *Shokaku* y *Taiho*. La derrota se ocultó a la opinión pública y nunca más los *portaaviones* japoneses volverían a luchar contra los Estados Unidos de forma regular. Entre el 21 de julio y el 10 de agosto, Guam fue recapturada en las Islas Marianas. El 24 de noviembre de 1944, los bombarderos de largo alcance B-29 Superfortress comenzaron a bombardear Japón desde Saipán, reforzados por dos aeródromos en Guam a finales de febrero de 1945.

Los estadounidenses se plantean ahora conquistar primero Formosa, pero sólo un rápido final de la guerra en Europa liberaría las fuerzas necesarias para ello. Por lo tanto, el 17 de octubre de 1944, comenzaron a recapturar las Filipinas desembarcando cerca y en Leyte. La armada japonesa sacó ahora su última baza: la flota de combate para derrotar a los estadounidenses mediante una ingeniosa estrategia en la mayor batalla naval de la historia, la Batalla del Golfo de Leyte. La última escuadra de buques de campo, sin aviones, atrajo a la Tercera Flota estadounidense hacia el norte y una escuadra de acorazados atrajo a la Séptima Flota estadounidense hacia el sur para que una escuadra intermedia pudiera asaltar la flota de desembarco estadounidense a través del Estrecho de San Bernardino. Este plan tuvo éxito, pero después de hacer caer un *portaaviones de escolta*, la *fuerza de tarea central se retiró, por* lo que el sacrificio de cuatro buques de campamento aéreo y tres acorazados había sido en vano. El 9 de enero de 1945, los estadounidenses desembarcaron en Luzón, que había sido controlado en gran medida en la primavera de 1945.

En noviembre de 1944, los japoneses empezaron a combinar sus numerosos aviones anticuados y sus pilotos mal entrenados en los *kamikazes*: ataques suicidas haciendo que el avión se clavara en un barco enemigo con bomba y todo. Los 3912 pilotos suicidas hundieron 47 barcos, incluidos tres *portaaviones de escolta*. Como, además, unos cuatrocientos barcos sufrieron daños, el fenómeno se consideró un problema grave. Reflejaba la costumbre de las unidades de infantería japonesas acorraladas de no rendirse, sino de luchar hasta la muerte en ataques banzai.

# 1945 en Asia

En el invierno de 1945, los aliados rompieron casi todos los enlaces marítimos entre Japón y el sur. La marina y la industria sufrieron una aguda escasez de combustible. Las materias primas sólo podían obtenerse de Manchuria y de la China devastada por la guerrilla. Incluso esas rutas se rompieron entonces por los submarinos.

Se hundió más de un millón de toneladas de espacio marítimo. No sólo la producción industrial, sino también la producción de alimentos se redujo a un tercio. Para matar de hambre a la población, después del 27 de marzo de 1945, en la Operación Hambre los B-29 colocaron más de 12.000 minas marinas en las aguas costeras japonesas.

125

Los bombardeos desde las Islas Marianas se intensificaron. La infraestructura japonesa fue sistemáticamente destruida. A falta de buena información sobre los objetivos industriales, recurrieron a los bombardeos de terror sobre las ciudades japonesas; medio millón de personas murieron y cinco millones de japoneses se quedaron sin hogar. El 10 de marzo de 1945 tuvo lugar el bombardeo de Tokio, con un saldo de al menos 83.600 muertos y, según algunas estimaciones, doscientos mil, el más intenso de la historia.

Con el fin de adquirir bases más cercanas a Japón para que los cazas escoltaran a los bombarderos, llevaron a cabo el Desembarco en Iwo Jima, capturando la isla entre el 19 de febrero y el 26 de marzo, y la Batalla de Okinawa entre el 1 de abril y el 22 de junio, tras un desembarco sólo ligeramente inferior al del Día D. Las islas fueron defendidas tenazmente, con el resultado de veinte mil muertos estadounidenses y más de ciento treinta mil japoneses, incluyendo en Okinawa a muchas mujeres que se suicidaron por miedo a ser violadas.

El 12 de abril de 1945 muere el presidente Roosevelt, sin que se debilite el esfuerzo bélico estadounidense. La situación estratégica militar japonesa era desesperada en julio de 1945. Los barcos aliados del campo de vuelo eliminaron casi todos los principales buques de guerra japoneses que quedaban en las aguas interiores durante los ataques masivos al puerto naval de Kure entre el 24 y el 28 de julio. Acorazados como el USS *Missouri* y el *King George* V, destruyeron impunemente las industrias del carbón y del acero con su precisa artillería en julio y agosto, una señal para la población de que la situación era crítica.

Había "palomas" en el gabinete del nuevo primer ministro, el almirante Kantarō Suzuki, que esperaba negociar una

127

rendición a través de la todavía neutral Unión Soviética. Los "halcones", sin embargo, temían que esa medida condujera a la desmilitarización, al castigo de los criminales de guerra y a la abolición del emperador.

Pensaron que ganarían una mejor posición de negociación si rechazaban un esperado desembarco en Kyushu con tres mil pilotos kamikazes. Los aliados repitieron la exigencia de rendición incondicional en la Declaración de Potsdam del 26 de julio, por cierto sin nombrar al emperador. Desde Okinawa, los estadounidenses temían perder un millón de hombres si se conquistaba Japón. Fue un alivio cuando el Proyecto secreto Manhattan probó con éxito la primera bomba atómica el 16 de julio de 1945. El presidente Harry S. Truman ordenó el despliegue de la nueva arma atómica.

El 6 de agosto de 1945, el B-29 *Enola Gay* lanzó una bomba de uranio que destruyó Hiroshima, matando a 79.000 personas al instante. Aun así, el gabinete japonés no tomó la decisión de rendirse, con la esperanza de que los estadounidenses sólo poseyeran una de esas armas. El 9 de agosto, una bomba de plutonio destruyó Nagasaki, matando directamente a 39.000 personas. Otras 145.000

personas sucumbieron a las quemaduras y a la enfermedad por radiación tras los dos ataques.

La Unión Soviética, bajo la intensa presión de Estados Unidos, había acordado en la Conferencia de Yalta atacar a Japón a más tardar tres meses después de la rendición alemana, a condición de que se le permitiera conquistar y anexionar Sajalín del Sur y las Kuriles. El 9 de agosto de 1945 comenzó la "Operación Tormenta de Agosto", que aplastó al ejército japonés de Kwantung en Manchuria.

El 10 de agosto, el emperador Hirohito obligó al gabinete a enviar telegramas a los aliados en los que se aceptaba la Declaración de Potsdam siempre que su posición no se viera afectada. El 11 de agosto, los aliados eludieron la cuestión afirmando que se permitiría al pueblo japonés determinar su propia forma de Estado. El 15 de agosto, a las 12:00, el emperador rindió a Japón en un discurso por radio. Esto evitó el lanzamiento de una tercera bomba atómica hacia el 19 de agosto. El 2 de septiembre de 1945 se firmó la capitulación, en el acorazado USS *Missouri*. Japón pasó a estar bajo la ocupación estadounidense, dirigida por MacArthur. El presidente Truman declaró un "cese de hostilidades" formal entre Estados Unidos y

Japón el 31 de diciembre de 1946. El 28 de abril de 1952
se firmó el Tratado de Paz de San Francisco entre Japón y
la mayoría de los aliados. La excepción fue la Unión
Soviética, debido a la continua disputa sobre las Kuriles.

## Bajas y guerra

La Segunda Guerra Mundial se caracterizó por la aparente impotencia de los diversos tratados de paz y de no agresión anteriores a la guerra, y también por un nivel masivo y sin precedentes de violencia despiadada, sin precedentes hasta ese momento en la historia, con innumerables víctimas civiles recíprocas. En las guerras anteriores se hacía generalmente una distinción de principios entre civiles y soldados, salvando a los civiles en la medida de lo posible o, al menos, no siendo un objetivo principal. Este principio se abandonó ampliamente en la Segunda Guerra Mundial; ahora todos los bandos consideraban a los civiles del otro como objetivos válidos, argumentando que los civiles también contribuían a la capacidad beligerante del enemigo. La Segunda Guerra Mundial es, por tanto, hasta hoy el ejemplo más claro de guerra total. Además, tanto la Alemania nazi como la Unión Soviética eran regímenes totalitarios, sostenidos por la represión política y el adoctrinamiento. La guerra entre militares también fue claramente dura, especialmente en el Frente Oriental. Las normas de guerra acordadas internacionalmente (establecidas en la Convención de Ginebra) se violaron sistemáticamente y de forma

131

generalizada, especialmente en lo que respecta al trato de los prisioneros de guerra.

Un total de entre 50 y 70 millones de personas murieron durante la Segunda Guerra Mundial. Alrededor de dos tercios de todas las víctimas eran civiles, de los cuales se estima que más de 11 millones pertenecían a minorías que fueron sistemáticamente perseguidas y asesinadas. También fue la primera -y hasta la fecha la única- guerra en la que se utilizaron armas nucleares. Las armas de misiles y los aviones de combate también se utilizaron a una escala relativamente pequeña al final de la guerra. Durante la guerra, todas las partes implicadas temían un despliegue en el campo de batalla de armas químicas como había ocurrido en la Primera Guerra Mundial. Sin embargo, el gas venenoso sólo se desplegó en la periferia, concretamente por parte de Italia en Abisinia durante la segunda guerra italo-etíope y por parte de Japón en China, donde también se realizaban experimentos de guerra biológica.

## Procesamiento y destrucción

Se calcula que 11 millones de personas fueron asesinadas sistemáticamente, la mayoría de ellas en los campos de concentración y exterminio, que funcionaban como una industria a gran escala y eficiente.

Los desgraciados que eran inferiores y parásitos a los ojos de los nazis tenían que ser literalmente exterminados.

Durante el Holocausto fueron asesinados entre cinco y seis millones de judíos, así como unos cinco millones de gitanos, prisioneros de guerra, eslavos, discapacitados, combatientes de la resistencia, testigos de Jehová,

133

homosexuales y disidentes. Los alemanes utilizaron varios métodos para asesinar a los *Untermenschen*, siendo el más famoso las cámaras de gas.

## Víctimas civiles y bombardeos

Las partes en conflicto bombardearon deliberadamente a la población civil. Los japoneses llevaron a cabo ataques terroristas en Shanghai, Wuhan, Nanking y Cantón (Guangzhou), entre otros.

En Europa, los alemanes bombardearon Varsovia, Rotterdam, Londres y Coventry, entre otros. Sin embargo, el bombardeo sería utilizado principalmente por los aliados como medio para poner de rodillas al adversario.

Los continuos bombardeos sobre Alemania y Japón tenían dos objetivos estratégicos: destruir la industria bélica y dañar la moral. Sin embargo, la tecnología para apuntar las bombas era todavía tan primitiva que la industria bélica sólo podía verse afectada si se bombardeaban grandes áreas, causando muchas bajas civiles.

Además, los alemanes consiguieron albergar una parte importante de la industria de guerra en fábricas subterráneas: hasta el final de la batalla, esto permitió a los nazis mantener una asombrosa capacidad de producción de material de guerra. En Alemania, grandes ciudades como Hamburgo, Colonia, Berlín y Dresde sufrieron graves daños, con un total de 1,5 millones de muertos y heridos.

En Japón, 67 ciudades con casas predominantemente de madera fueron prácticamente arrasadas por las bombas incendiarias. Esto provocó 500.000 muertes y 5 millones de personas sin hogar.

En la zona del frente de la Unión Soviética, los civiles lo pasaron muy mal. La doctrina nazi respetaba poco la vida de los pueblos eslavos conquistados, a los que consideraba una colección de Untermenschen; el gobierno consideraba su supervivencia como algo secundario para lograr la victoria.

Como resultado, un total de unos 11,9 millones de ciudadanos soviéticos murieron a causa de la violencia de la guerra, el terror, el hambre, las enfermedades y otras penurias. Pero la Unión Soviética tampoco perdonó a sus propios ciudadanos: todo aquel sospechoso de colaborar o de no apoyar suficientemente a la resistencia fue deportado o ejecutado.

Los civiles franceses también sufrieron grandes pérdidas durante la guerra. Un total de 70.000 civiles murieron en Francia como resultado de las acciones de los aliados,
137

principalmente los bombardeos. Una gran parte de ellos, 19.890 muertos y un número mucho mayor de heridos, fueron bajas durante la liberación de Normandía.

Esta cifra se suma a los 15.000 franceses muertos y 19.000 heridos durante los bombardeos que sirvieron para preparar la Operación Overlord en los primeros cinco meses de 1944. En total, murieron más civiles franceses por las acciones de los aliados que civiles británicos por los bombardeos alemanes.

Finalmente, en agosto de 1945, también se utilizaron armas nucleares contra la población civil japonesa. Esto causó alrededor de 250.000 víctimas directas.

## Implicaciones geopolíticas

El mundo de 1939 contaba con seis grandes potencias regionales: Estados Unidos, que emergía como nueva superpotencia, la Unión Soviética comunista, la Alemania nacionalsocialista, el Japón imperial y el Reino Unido y Francia coloniales. Este mundo había desaparecido. El periodo de posguerra, hasta 1989, cuando cayó el Muro de Berlín, se caracterizó por la rivalidad entre las dos superpotencias restantes: Estados Unidos y la Unión Soviética. La rivalidad geopolítica mutua entre estas dos superpotencias se conoce como la Guerra Fría.

El ascenso de las dos superpotencias fue acompañado de la reducción del poder y la posición de los otros tres países. Japón y Alemania habían perdido la guerra y, por tanto, su papel político y militar a nivel mundial había terminado por el momento.

En 1949, Alemania se dividió en una parte occidental y otra oriental más pequeña, que pasaron a formar parte de la OTAN y del Pacto de Varsovia, respectivamente. Esto se mantendría así hasta 1990. Japón permaneció indiviso e incluso se le permitió mantener a su emperador, aunque tuvo que renunciar a su condición divina. Como protegido de Estados Unidos, Japón podía concentrarse en la reconstrucción económica, lo que hizo con mucho éxito.

Aparte de Hawái, Estados Unidos no había experimentado ninguna guerra en su propio suelo y había sufrido pérdidas relativamente ligeras.

Apoyaron a los países no comunistas de Europa y Asia, tanto a los países amigos como a los antiguos enemigos, Alemania y Japón, con decenas de miles de millones de dólares (Plan Marshall) y, en parte, gracias a ello, tanto los japoneses como los europeos occidentales consiguieron salir rápidamente del atolladero económicamente.

Las cosas resultaron diferentes en los países de Europa del Este dominados por la Unión Soviética: en lugar de crédito, se les dio un modelo económico comunista impuesto por Stalin, que hasta el día de hoy hace que los europeos occidentales sean más ricos que los europeos del Este.

La Segunda Guerra Mundial también puso en marcha una nueva ola de descolonización. Aunque el Imperio Británico estuvo entre los vencedores, pronto comenzó su declive como gran potencia. Los imperios coloniales francés y holandés también parecían haber tenido su momento. Los japoneses habían azuzado considerablemente los sentimientos nacionalistas en Extremo Oriente para obtener apoyo en su lucha contra las potencias occidentales. Este genio estaba fuera de la botella y no volvería a arrastrarse.

Además, los británicos habían agotado la mayor parte de sus reservas financieras para comprar armas y suministros a Estados Unidos, que habían pagado con títulos de deuda que tardarían décadas en devolver. Los imperios coloniales se estaban desmoronando rápidamente y, tras la crisis de Suez de 1956, Francia y el Reino Unido tuvieron que aprender a vivir con un estatus de potencia media.

En el territorio del Mandato Británico de Palestina se fundó el Estado de Israel poco después de la guerra. Esto sembró la semilla del conflicto árabe-israelí, que ha provocado que los conflictos armados estallen regularmente en esta parte de Oriente Medio hasta el día de hoy.

Los horrores de la Segunda Guerra Mundial hicieron que se intensificara la cooperación internacional, especialmente en el continente europeo. A raíz de ello surgieron las Naciones Unidas y, en parte, debido a la Guerra Fría, la Unión Europea.

El éxito de la Unión Europea, con su legislación supranacional, su moneda común y sus valores democráticos, hace difícil imaginar un conflicto europeo en la actualidad.